Problemas de linguística descritiva
Edição revista e comentada

Coleção de Linguística

Coordenadores
Gabriel de Ávila Othero – Universidade Federal do Rio Grande do Sul (UFRGS)
Sérgio de Moura Menuzzi – Universidade Federal do Rio Grande do Sul (UFRGS)

Conselho consultivo
Alina Villalva – Universidade de Lisboa
Carlos Alberto Faraco – Universidade Federal do Paraná (UFPR)
Dante Lucchesi – Universidade Federal Fluminense (UFF)
Leonel Figueiredo Alencar – Universidade Federal do Ceará (UFC)
Letícia M. Sicuro Correa – Pontifícia Universidade Católica do Rio de Janeiro (PUC-Rio)
Luciani Ester Tenani – Universidade Estadual de São Paulo (Unesp)
Maria Cristina Figueiredo Silva – Universidade Federal do Paraná (UFPR)
Roberta Pires de Oliveira – Universidade Federal de Santa Catarina (UFSC)
Roberto Gomes Camacho – Universidade Estadual de São Paulo (Unesp)
Valdir Flores – Universidade Federal do Rio Grande do Sul (UFRGS)

Dados Internacionais de Catalogação na Publicação (CIP)
(Câmara Brasileira do Livro, SP, Brasil)

Camara Junior, Joaquim Mattoso, 1904-1970
    Problemas de linguística descritiva / Joaquim Mattoso Camara Jr. – 1. ed. revista e comentada por Carlos Alexandre Gonçalves e Sergio de Moura Menuzzi – Petrópolis, RJ : Vozes, 2021. – (Coleção de Linguística)

    ISBN 978-65-5713-170-1

    1. Língua portuguesa – Gramática 2. Linguística I. Gonçalves, Carlos Alexandre. II. Menuzzi, Sergio de Moura. III. Título. IV. Série.

21-59213   CDD-469.5

Índices para catálogo sistemático:
1. Língua portuguesa : Linguística descritiva   469.5

Maria Alice Ferreira – Bibliotecária – CRB-8/7964

JOAQUIM MATTOSO CAMARA JR.

Problemas de linguística descritiva

Edição revista e comentada

Revisão e comentários por Carlos Alexandre Gonçalves e
Sergio de Moura Menuzzi

Petrópolis

© 2021, Editora Vozes Ltda.
Rua Frei Luís, 100
25689-900 Petrópolis, RJ
www.vozes.com.br
Brasil

Todos os direitos reservados. Nenhuma parte desta obra poderá ser reproduzida ou transmitida por qualquer forma e/ou quaisquer meios (eletrônico ou mecânico, incluindo fotocópia e gravação) ou arquivada em qualquer sistema ou banco de dados sem permissão escrita da editora.

CONSELHO EDITORIAL

Diretor
Gilberto Gonçalves Garcia

Editores
Aline dos Santos Carneiro
Edrian Josué Pasini
Marilac Loraine Oleniki
Welder Lancieri Marchini

Conselheiros
Francisco Morás
Ludovico Garmus
Teobaldo Heidemann
Volney J. Berkenbrock

Secretário executivo
João Batista Kreuch

Editoração: Fernando Sergio Olivetti da Rocha
Diagramação: Sheilandre Desenv. Gráfico
Revisão gráfica: Nilton Braz da Rocha
Capa: Editora Vozes

ISBN 978-65-5713-170-1

Editado conforme o novo acordo ortográfico.

Este livro foi composto e impresso pela Editora Vozes Ltda.

Apresentação da coleção

Esta publicação é parte da **Coleção de Linguística** da Vozes, retomada pela editora em 2014, num esforço de dar continuidade à coleção coordenada, até a década de 1980, pelas professoras Yonne Leite, Miriam Lemle e Marta Coelho. Naquele período, a coleção teve um papel importante no estabelecimento definitivo da Linguística como área de pesquisa regular no Brasil e como disciplina fundamental da formação universitária em áreas como as Letras, a Filosofia, a Psicologia e a Antropologia. Para isso, a coleção não se limitou à publicação de autores fundamentais para o desenvolvimento da Linguística, como Chomsky, Langacker e Halliday, ou de linguistas brasileiros já então reconhecidos, como Mattoso Camara; buscou também veicular obras de estudiosos brasileiros que então surgiam como lideranças intelectuais e que, depois, se tornaram referências para a disciplina no Brasil – como Anthony Naro, Eunice Pontes e Mário Perini. Dessa forma, a **Coleção de Linguística** da Vozes participou ativamente da história da Linguística brasileira, tendo ajudado a formar as gerações de linguistas que ampliaram a disciplina nos anos de 1980 e 1990 – alguns dos quais ainda hoje atuam intensamente na vida acadêmica nacional.

Com a retomada da **Coleção de Linguística** pela Vozes, a editora quer voltar a participar decisivamente das novas etapas de desenvolvimento da disciplina no Brasil. Agora, trata-se de oferecer um veículo de disseminação da informação e do debate em um novo ambiente: a Linguística é hoje uma disciplina estabelecida nas universidades brasileiras; é também um dos setores de pós-graduação que mais crescem no Brasil; finalmente, o próprio quadro geral das universidades e da pesquisa brasileira atingiu uma dimensão muito superior à que se testemunhava nos anos de 1970 a 1990. Dentro desse quadro, a **Coleção de Linguística** da Vozes tem novas missões a cumprir:

- em primeiro lugar, é preciso oferecer aos cursos de graduação em Letras, Filosofia, Psicologia e áreas afins material renovador, que permita aos alunos integrarem-se ao atual patamar de conhecimento da área de Linguística;
- em segundo lugar, é preciso continuar com a tarefa de colocar à disposição do público de língua portuguesa obras decisivas do desenvolvimento, passado e recente, da Linguística;
- finalmente, é preciso oferecer ao setor de pós-graduação em Linguística e ao novo e amplo conjunto de pesquisadores que nele atua um veículo adequado à disseminação de suas contribuições: um veículo sintonizado, de um lado, com o que se produz na área de Linguística no Brasil; e, de outro, que identifique, nessa produção, aquelas contribuições cuja relevância exija uma disseminação e atinja um público mais amplo, para além da comunidade dos especialistas e dos pesquisadores de pós-graduação.

Em suma, com esta **Coleção de Linguística**, esperamos publicar títulos relevantes, cuja qualidade venha a contribuir de modo decisivo não apenas para a formação de novas gerações de linguistas brasileiros, mas também para o progresso geral dos estudos das Humanidades neste início de século XXI.

Gabriel de Ávila Othero
Sérgio de Moura Menuzzi
Organizadores

Sumário

Apresentação, 9

I – Introdução, 17

II – Sobre o estudo dos sons vocais, 25

III – As vogais em português, 35

IV – A estrutura da sílaba, 45

V – O vocábulo em português, 57

VI – A análise do vocábulo mórfico, 67

VII – Constituintes do vocábulo mórfico, flexão e derivação, 77

VIII – A flexão no léxico português, 85

IX – O mecanismo da flexão nominal, 93

X – A análise da flexão verbal, 103

Referências bibliográficas da obra, 113

Referências dos comentários dos editores, 117

Apresentação

Pouco mais de cinquenta anos depois de sua primeira edição pela Editora Vozes, *Problemas de linguística descritiva*, de Joaquim Mattoso Camara Jr., continua sendo uma obra bastante atual por diversas razões: (1) contém propostas para a fonologia e a morfologia do português válidas até hoje; (2) reforça e/ou rediscute diversas questões originais que aparecem em suas obras anteriores, sobretudo em *Para o estudo da fonêmica portuguesa*, de 1953; (3) sintetiza grande parte de seu pensamento sobre os níveis fonológico e morfológico da gramática, em diversos artigos que publicou ao longo da década de 1960.

Problemas de linguística descritiva é a obra precursora do clássico *Estrutura da língua portuguesa*, livro inacabado, publicado em 1970, apenas um ano após a morte de Mattoso Camara Jr.: em *Problemas* são semeadas várias das análises que aparecem, depois, mais bem desenvolvidas, em *Estrutura*, como sua inovadora interpretação da nasalidade vocálica e sua polêmica rejeição da análise tradicional do grau dos adjetivos. Em 2019, a Editora Vozes publicou uma bela e cuidadosa edição crítica de *Estrutura da língua portuguesa*, trabalho dos colegas Emílio Pagotto, Maria Cristina Figueiredo Silva e Manoel Mourivaldo Santiago-Almeida, num convite ao resgate da obra de Mattoso; parece-nos conveniente dar continuidade a essa tarefa trazendo agora a público sua precursora imediata.

A presente edição do *Problemas de linguística descritiva* é primordialmente uma versão revisada, comentada e adaptada da edição de 1971, publicada pela Editora Vozes, que circulou com várias reimpressões pelo país.

Por meio de nossos comentários, buscamos chamar a atenção do leitor para as sutilezas de certas análises linguísticas ou *insights* impressionantes que o texto propicia, tentando fornecer uma leitura atualizada da obra e mostrando o quão inovadora foi para a época. Comentar a contribuição de Joaquim Mattoso Camara Jr. significa rememorar a institucionalização da linguística em nosso país e homenagear o idealizador da Abralin, o introdutor do estruturalismo no Brasil. A reedição de *Problemas* certamente traz à memória o nome mais relevante da história da linguística brasileira. Hoje, quase 80 anos depois da publicação de seu primeiro livro (*Princípios de linguística geral*, 1942), Mattoso Camara passou de pioneiro a clássico, e sua obra mantém a relevância de sempre. É o que pretendemos mostrar nas várias notas que fizemos ao texto.

Nossos comentários ao texto aparecem em destaque lateral, acompanhando os trechos que julgamos importante esclarecer. Mas há outras intervenções, já que nos pareceu apropriado revisar em vários aspectos o texto da edição de 1971, a que nos referiremos frequentemente como "texto original":

(1) Havia um grande número de notas de simples referência bibliográfica; estas foram eliminadas e criamos, a partir delas, uma seção de referências bibliográficas ao final desta edição.

(2) Como na recente reedição do *Estrutura da língua portuguesa* pela Vozes, a presente reedição do *Problemas de linguística descritiva* procurou destacar, quando propício à maior fluidez da leitura, exemplos e ilustrações, que foram numerados sequencialmente e sinalizados no corpo do texto.

(3) Alteramos as transcrições (fonéticas e fonêmico-fonológicas), uma vez que os recursos tipográficos usados à época apresentavam várias limitações – não permitiam, por exemplo, representar com precisão uma nasal palatal, [ɲ], o que levou Mattoso muitas vezes ao uso de subterfúgios ortográficos para representar os sons da fala. Todos os símbolos fonéticos foram atualizados segundo o alfabeto fonético internacional (o conhecido IPA, sigla de International Phonetic Alphabet). Também optamos por utilizar parênteses angulares (< >) para representar os grafemas (quando o

autor faz alusão a letras) e, como uniformizamos as transcrições, usamos colchetes ([ ]) para os casos em que ele claramente se refere a fones (sons da fala) – isto é, para a transcrição fonética –, e barras (/ /) quando se refere a fonemas (sons distintivos) – isto é, para transcrição fonêmico-fonológica. Nesse particular, por conta da explícita referência à produção, o número de transcrições fonéticas é bem superior ao de transcrições fonêmicas, embora Mattoso tenha usado, em regra, barras (/ /), o que sugeriria transcrições fonêmicas. Em muitos casos, entretanto, mantivemos as transcrições "fonêmicas" de Mattoso, porque mudá-las exigiria alterações significativas no texto e/ou justificação detalhada.

(4) Para facilitar a identificação dos sons, quando referidos apenas em termos de produção, indicamos, entre parênteses, o correspondente símbolo no IPA. Assim fizemos, por exemplo, com os róticos, referidos pelo autor como "r forte" e "r fraco". Transcrevemos todos os sons a que o autor alude e, para explicitar que se está falando de letra, optamos pelas expressões "<r> forte" e "<r> fraco", já que o símbolo solto em questão representaria uma vibrante alveolar no IPA – e não a fricativa velar ou uvular e o tepe que encontramos em vários dialetos brasileiros, por exemplo.

(5) Em relação às transcrições fonéticas/fonêmicas, devemos ainda mencionar que, justamente por recorrer a "transcrições fonêmicas" gerais mesmo quando nitidamente falava de realizações fonéticas, Mattoso pôde "apagar" diferenças sistemáticas de pronúncia entre os dialetos brasileiros. Isso é especialmente o caso das características marcantes de seu próprio dialeto, o carioca: o <s> com pronúncia palatal [ʃ], no lugar da sibilante [s], em fim de sílaba; o <r> com pronúncia aspirada [h], no lugar do tepe [ɾ], também em fim de sílaba. (Na verdade, esses traços não são exclusivos do dialeto carioca, sendo também encontrados na fala de várias regiões de Minas Gerais e no Espírito Santo, por exemplo.) Procuramos manter as descrições fonéticas próximas às "fonêmicas" de Mattoso, mas assinalamos a pronúncia carioca (e de dialetos similares) sempre que possível ou, especialmente, quando pertinente.

(6) Atualizamos a ortografia do texto, conforme as normas ora vigentes, e revisamos em alguns pontos a pontuação, a regência e a concordância encontradas no original. Tivemos muito pudor em alterar o texto, sobretudo as paragrafações, mantidas sempre como no original – apesar de nem sempre concordarmos com elas.

(7) As poucas notas informativas feitas pelo autor foram praticamente todas incorporadas – se necessário, com adaptações – ao texto, a fim de evitar um *layout* "carregado" e confuso nas páginas em que ocorreriam simultaneamente com nossos comentários. Houve apenas um caso em que notas de conteúdo não foram incorporadas ao texto, porque isso descaracterizaria a estrutura da argumentação de Mattoso; nesse caso específico, assinalamos o problema por meio de um comentário (ao segundo parágrafo do capítulo IX), reproduzindo no comentário o texto da nota original.

(8) Além das eventuais adaptações requeridas pela incorporação das notas ao texto, só alteramos palavras em duas outras situações: (a) quando houve claro erro de revisão, como em "de acordo com o registro, informal ou formal, respectivamente, que **adora** um mesmo falante" (capítulo III), em que a forma verbal utilizada seria certamente **adota**; e (b) quando determinado termo parece corresponder a um problema de digitação, como na transcrição "/minimu/", em que, pelo contexto, infere-se tratar da palavra *menino* com o alteamento da vogal pretônica. Nessa última situação, alteramos tanto a palavra quanto a transcrição, pois nesse trecho Mattoso está claramente falando da realização de médias como altas, já que exemplifica também com *coruja*. Desse modo, substituímos /minimu/ por [mi. 'ni.nʊ].

(9) Como Mattoso Camara era um erudito, utilizava palavras e expressões em várias línguas. Mantivemos as formas nas línguas estrangeiras empregadas por ele ao longo do livro. Para facilitar a leitura, no entanto, sempre colocamos a tradução entre parênteses, como no caso de *mise-au--pont*, do francês (tradução: abordagem), *word based grammar*, do inglês (tradução: gramática baseada na palavra), entre tantos outros.

(10) Também notamos que não havia uniformidade em relação aos recursos utilizados para destacar determinados conteúdos do texto: aspas,

negrito e itálico. Com o intuito de resolver essa questão, usamos aspas para ressaltar as glosas (os significados dos itens lexicais) e usos intencionais do autor, reservando o itálico para destacar os exemplos. Deixamos o negrito apenas para pôr em relevo os termos técnicos que o autor vai introduzindo ao longo dos capítulos.

Como nos informa o Professor Carlos Eduardo Falcão Uchôa, organizador dos *Dispersos de Mattoso Camara Jr.* (UCHÔA, 1972), o livro *Problemas de linguística descritiva* reúne dez artigos publicados por Mattoso na *Revista Vozes*, nos anos de 1967 e 1968 (UCHÔA, 2007); no entanto, não há, na edição de 1971 da *Vozes*, qualquer referência a isso (por exemplo, o livro não tem uma apresentação). Os artigos publicados na revista *Vozes*, segundo o Professor Aryon Rodrigues, foram compostos a partir das notas de um curso ministrado por Mattoso em Petrópolis, Rio de Janeiro; e foram coligidos em *Problemas* "por assim dizer, à revelia" de Mattoso, isto é, não foram apropriadamente revisados por ele. Por essa razão, ele certamente preferiria ter retrabalhado o material. Nesse sentido, talvez, o termo "texto original" possa não ser, de todo, apropriado ao livro. De fato, segundo o Professor Aryon, o objetivo de Mattoso, quando iniciou o *Estrutura da língua portuguesa*, era "escrever um livro orgânico sobre a estrutura da língua portuguesa, que superasse o opúsculo improvisado por seus amigos de Petrópolis" (RODRIGUES, 2004, p. 88). Não resta dúvida, portanto, quanto à importância de *Problemas de linguística descritiva* como precursor de *Estrutura da língua portuguesa*, sendo fundamental para a compreensão do desenvolvimento intelectual de Mattoso no período final de sua vida.

O livro não se apresenta como uma coletânea de artigos independentes, mas antes possui uma clara estruturação interna, que certamente herdou do curso ministrado por Mattoso – aliás, organização muitíssimo parecida com a encontrada em *Estrutura da língua portuguesa*. Essa organização nos permite – como fizeram os editores de *Estrutura* na reedição de 2019 – identificar três grandes partes em *Problemas*:

(a) noções gerais (capítulo I);

(b) questões de fonologia (capítulos II-V); e

(c) questões de morfologia (capítulos VI-X).

Apesar de o livro não ser uma mera coletânea de artigos, não houve esforço por parte dos editores do "original" em eliminar o uso da palavra **artigo** para referência interna a suas partes. Nesse sentido, a fim de evitar que pareça um livro que reúne produções isoladas do autor, fizemos um último tipo de intervenção no texto: substituímos, em diferentes pontos, **artigo** por **capítulo**, e fizemos as devidas adaptações nas referências internas da obra. Por exemplo, o trecho em que se lia "já apreciamos, em *um artigo anterior desta série*" foi revisado para "já apreciamos, *no capítulo VIII*". Com isso, buscamos alcançar dois objetivos: (a) evitar dar ao leitor a ideia de tratar-se de um mero conjunto desordenado de artigos – o que a obra certamente não é; e (b) precisar as referências internas ao texto, auxiliando o leitor a localizar mais facilmente o trecho.

O maior desafio, que coube a um de nós (Carlos Alexandre Gonçalves), foi o de preencher as lacunas nas referências bibliográficas. Muitas vezes, o autor só fazia referência ao nome da obra, sem indicar completamente a fonte ou mesmo a data. Como são textos muito antigos, o Google® ajudou muito, pois informava a editora, o que Mattoso quase nunca fazia em suas notas. Para alguns casos, no entanto, o editor "pediu ajuda aos universitários": conversou com alguns colegas e foi diretamente à Biblioteca da Faculdade de Letras da UFRJ para dirimir as dúvidas.

Como não pudemos nos furtar a dar créditos a vários autores em nossos comentários e notas explicativas, temos, na presente edição, dois conjuntos de referências bibliográficas: (a) as originais da obra de Mattoso, e (b) as dos comentários dos editores.

Fechamos esta introdução com duas citações que testemunham a apreciação de Mattoso por linguistas que participaram decisivamente da consolidação da linguística no Brasil. A primeira, sobre a contribuição de Mattoso para a teoria morfológica, é da Professora Margarida Basilio, discípula direta do autor, em número da revista *Delta* em homenagem a ele:

> A contribuição de *Problemas* na solução de questões complexas e desvendamento de mistérios em relação à identificação, por exemplo, do conceito de palavra é considerável, não apenas por sua análise de todos os problemas e pontos de divergência em relação a uma abordagem tradicional do estudo da língua frente a novas proposições descritivas, mas também por sua ponderada adequação e adaptação de conceitos teóricos e descritivos ao material de nossa língua a ser reanalisado (BASILIO, 2004, p. 73).

A segunda, no mesmo número da *Delta*, é da saudosa Professora Yonne de Freitas Leite, que conviveu com Mattoso Camara durante muitos anos no Museu Nacional e por quem o autor tinha grande admiração, em particular por seus estudos sobre as línguas indígenas e sobre o português:

> Mattoso Camara foi adepto, talvez o único em nosso país, da fonologia do Círculo Linguístico de Praga, cujos ensinamentos fora aprimorar nos Estados Unidos da América em 1943, com uma bolsa de estudos conferida pela Fundação Rockfeller. [...] O mestre foi aluno, e tornou-se amigo, de Roman Jakobson. É essa fase de seu currículo acadêmico, esse período de maturação linguística, que ele nos traduz [...]. E o faz com o ímpeto, a minúcia, o gosto de demonstração daqueles que se ausentam à procura de novos conhecimentos e que querem partilhar o que aprenderam e o que foi cuidadosamente construído (LEITE, 2004, p. 11).

Esperamos que mais esta reedição contribua para revitalizar o pensamento linguístico de Mattoso Camara. As descrições do autor, principalmente sua concepção e sua prática em fonologia e morfologia, suscitam polêmicas, dado seu espírito ousado e profundamente questionador. Ora criticada, ora adotada ou reabilitada, ora servindo de inspiração, sua obra mantém o autor vivo entre nós – e não foi outro o nosso objetivo nesta edição: demonstrar a vitalidade de suas propostas, sobretudo para as futuras gerações de linguistas e de professores de português.

Carlos Alexandre Gonçalves
Professor titular da Universidade Federal do Rio de Janeiro – UFRJ

Sergio de Moura Menuzzi
Professor-associado da Universidade Federal do
Rio Grande do Sul – UFRGS

Introdução

A linguística, como ciência autônoma, começou nos princípios do século XIX com a chamada gramática comparativa, ou comparada, que é uma técnica de confrontação entre as línguas de origem comum, para depreender o estado originário, ou protolíngua, de que elas emergiram. Daí, em seguida se desenvolveu um enfoque histórico das línguas, para acompanhar-lhes as mudanças através dos tempos e estabelecer leis, mais ou menos universais, ou privativas de uma língua ou um grupo de línguas, a respeito da maneira por que essas mudanças se dão. Hoje, o grande interesse se concentra no estudo do mecanismo pelo qual uma dada língua funciona, como meio de comunicação entre os seus falantes, e na análise da estrutura, ou configuração formal, que a caracteriza.

Já tinha, em princípio, o último objetivo a gramática tradicional, elaborada a partir da Antiguidade Clássica com a língua grega. Em português, desde Fernão de Oliveira e João de Barros, no século XVI, vêm-se multiplicando nessas diretrizes as gramáticas ditas expositivas. Ora se limitam a apresentar um modelo de comportamento a ser seguido, na base da sempre repetida definição "arte de falar e escrever corretamente"; ora ascendem a um plano que bem se pode chamar científico em seus propósitos, porque procuram explicar a organização e o funcionamento das formas linguísticas com objetividade analítica.

O fundamento essencial para essa ciência da gramática tem sido, como delineou Aristóteles na Grécia antiga, a disciplina filosófica da lógica. A gramática tradicional de cunho científico foi entendida como ancilar do estudo filosófico que trata das leis de elaboração do raciocínio. A justificativa estava no pressuposto de que a língua, em sua organização e funcionamento, reflete fielmente essas leis.

Tal foi a orientação no século XVIII da *Gramática filosófica* de Soares Barbosa, em português, como fora, em francês, a da *Grammaire Raisonnée* de *Port-Royal*. A língua servia para ilustrar a lógica, e a lógica para desenvolver a gramática.

No século XIX, outro caminho se esboçou. A tendência foi colocar tal estudo sob a égide da psicologia. A nova atitude se apoiou na filosofia romântica, que salientava os aspectos psicológicos, ou mesmo antilógicos, que as línguas revelam, e a sua condição de expressões totais da vivência humana, constituída não apenas de raciocínio, mas ainda – e muito mais talvez – de emoção e fantasia.

A linguística, que se firmara e desenvolvera como ciência autônoma, circunscrita na gramática comparativa e em seguida na história linguística, não se preocupou diretamente com a descrição das línguas. Mas indiretamente favoreceu a tendência psicológica. Assim, Hermann Paul, o grande teórico da linguística de seu tempo, que ele queria exclusivamente histórica, deu, não obstante, uma achega para um tratamento descritivo psicológico, como já observou com razão Kainz (1941).

A reação contra uma e outra diretriz surgiu no século XX.

Em 1928, L. Hjelmslev, um dos iniciadores da linguística descritiva, como atualmente é entendida, assinalou a necessidade de "distinguir nitidamente o âmbito da linguística, que estuda a atividade pela qual se comunica um conteúdo de consciência de um indivíduo a outro, e a psicologia, que, como a lógica, se ocupa em examinar o próprio conteúdo da consciência humana" (HJELMSLEV, 1928, p. 24).

O programa que ele propunha só podia ser executado dentro da linguística. Vimos, porém, que esta, desde os seus primórdios no século XIX, se concentrava na gramática comparativa e na linguística histórica. Era preciso, portanto, abrir uma nova frente dentro da linguística, para falarmos em termos militares.

Foi a necessidade que cedo sentiram Anton Marty, em 1908, e Vilém Mathesius, em 1911. O primeiro assinalava que em linguística "ao lado de leis históricas há também leis descritivas" (MARTY, 1950, p. 19), e o segundo procurou formar a prioridade do estudo descritivo sobre o histórico, os quais ele chamou respectivamente "estático" e "dinâmico" (MATHESIUS, 1964, p. 1-31).

A obra póstuma de Ferdinand de Saussure, em 1916, deu uma formulação singularmente precisa a essas novas ideias, que por assim dizer pairavam no ar.

Como se sabe, Saussure dividiu a linguística em sincrônica e diacrônica: "é sincrônico tudo que se refere ao aspecto estático da nossa ciência, diacrônico tudo que diz respeito às evoluções" (SAUSSURE, 1922, p. 117). Acentuou, ao mesmo tempo, que a distinção é imprescindível numa "ciência de valores", como é a linguística, pois os valores são função de um momento dado (SAUSSURE, 1922, p. 115). É o que facilmente se pode ilustrar para o português com dois exemplos ao acaso: o elemento *com-* de *comer* é a raiz da palavra, enquanto no latim *comedere* era um prefixo; o pronome *mim*, que corresponde ao dativo latino de *mihi*, para objeto indireto, é em português uma forma para ser regida de preposição e em regra na função de complemento circunstancial, que cabe ao ablativo em latim.

Uma vez assim delineada a linguística descritiva, começaram a aparecer intensamente os estudos referentes a ela. E, de acordo com a concepção de Mathesius, firmou-se a prioridade sobre os estudos históricos, no sentido de que à diacronia só cabe explicar a passagem de uma sincronia para outra.

As técnicas descritivas têm sido múltiplas e variadas, mas não propriamente contraditórias, desde o Círculo Linguístico de Praga e o grupo genebrino de Bally, mais diretamente ligados a Saussure, até a glossemática de Hjelmslev, a escola norte-americana de Bloomfield e a inglesa de J.R. Firth, para só citar as orientações mais importantes na fase primeira do movimento.

A língua portuguesa, entretanto, tem ficado à margem desses propósitos descritivos.

A linguística em Portugal e no Brasil tem sido entendida, de preferência, como fundamentalmente histórica (ou diacrônica, em termos saussureanos), desde que Adolfo Coelho iniciou e Leite de Vasconcelos consolidou em Portugal o enfoque linguístico. No Brasil houve dois teoristas, de orientação muito diversa entre si, que se preocuparam com o problema descritivo: João Ribeiro (cf. CAMARA JR., 1961a) até certo ponto, e, em maior grau, Said Ali (cf. CAMARA JR., 1961b).

Em regra, e matéria de sincronia, o que se tem feito em Portugal e no Brasil é o ensino gramatical como "arte de falar e escrever corretamente". A linguística só trata da história da língua, e a descrição é substituída por um código normativo, com vistas à prática escolar. A situação é bem-assinalada pelo contraste de significação e emprego dos termos **gramático** e **filólogo**: aquele atribuído, com certa coloração pejorativa muitas vezes, ao expositor praxista de regras consuetudinárias, e este, valorativamente, ao que procura explicar em sentido genético o que vigora.

É claro que um código normativo de falar e escrever "corretamente" (isto é, de acordo com uma convenção social, bem radicada, que põe numa escala estimativa as diversas modalidades de língua vigentes no país) é útil – e mesmo necessário – por motivos a bem dizer extralinguísticos. À estratificação na maneira de falar e à dialetização no espaço se contrapõe, nas sociedades mais ou menos politicamente coesas, uma "língua-padrão", mais unitária e homogênea, e é dela que se tiram os lineamentos para o ensino da língua materna na escola. Tem toda a razão Tonnelat (1927, p. 167): "Não há língua comum sem ensino escolar, e este tem de assentar necessariamente numa regulamentação imperativa".

Mas é igualmente claro que a codificação (que é um ramo da linguística aplicada, isto é, da aplicação da linguística a fins de interesse social) tem de partir dos resultados obtidos pela linguística descritiva, com uma técnica de pesquisa e interpretação objetiva e rigorosa, para não operar viciosamente no vazio, fora de qualquer uso real.

Como esse trabalho de linguística descritiva ainda não se realizou nem em Portugal nem no Brasil, em ambos os países se patina em matéria de gramática normativa e o ensino gramatical na escola é denunciado como uma perturbação, antes do que um auxílio, para um uso linguístico adequado.

Com efeito, à falta de dados certos e objetivos acresce a falta de diretrizes seguras de interpretação.

Em primeiro lugar, não é raro tumultuar-se a regulamentação com considerações de ordem histórica, que são aí fora de propósito. Já Leite de Vasconcelos (1911, p. 227) acenara com esse caminho, embora o tenha seguido para em regra aceitar com liberalidade o que outros queriam condenar no uso vivo, como a sua defesa da forma *lavandeira*, condenada por Cândido de Figueiredo. Depois dele, daí saíram muito mais frequentemente imposições arbitrárias do ponto de vista sincrônico, como ditar o plural de um nome em -*ão* na base da declinação latina desse nome exclusivamente, querer firmar a pronúncia proparoxítona de um vocábulo só por causa da quantidade breve da penúltima sílaba do seu étimo em latim, ou dar como legítima uma significação obsolescente, por ser a que se encontra nos antigos clássicos.

Talvez mais perturbadora ainda tenha sido a indistinção entre uso falado e escrito, com a atenção toda voltada para este, e o fato de não reconhecer naquele a possibilidade de "registros" diversos, conforme a situação concreta que se depara ao falante (uma conversa no meio familiar, ou um intercâmbio na condição que em inglês se chama "formal", isto é, caracterizada por certo cerimonial de intercurso, e assim por diante). Na própria língua escrita, o vezo de estear a regulamentação em "exemplos de bons escritores" levou a uma confusão de dois registros, pelo menos: o da língua escrita corrente e o da língua literária, em sentido estrito, com finalidades estéticas que dominam os canais de expressão.

Em verdade, as relações entre a fala e a grafia precisam de tratamento muito diverso do que lhes costumam dar as gramáticas escolares. Nestas, a atenção primordial é para a língua escrita (como se disse há pouco), e a língua oral entra de maneira indefinida, sem delimitação explícita, que se impunha, para uma e para a outra.

É justo que se dê grande cuidado à língua escrita. É ela que a escola tem de ensinar em primeira mão. O estudante normal já vem falando com eficiência e propriedade, embora precise aperfeiçoar, ou até inteiramente aprender, o uso da língua padrão. Acresce o primado da língua escrita nas sociedades do tipo da nossa, dito "civilizado". Aí, do ponto de vista sociológico, a língua escrita se sobrepõe inelutavelmente à língua oral, pois rege toda a vida geral e superior do país. Dá-se uma inversão, em termos sociais, da verdade puramente linguística de que a escrita decorre da fala e é secundária em referência a esta.

Não obstante essa contingência de ordem social, subsiste o fato linguístico de que a língua escrita é uma transposição, para outra substância, de uma língua primordialmente criada com a substância dos sons vocais. Só se pode compreendê-la e ensiná-la na base dessa transposição. "Só depois de dominar a fala é que se pode aprender a ler e escrever", adverte Jakobson (1967, p. 113).

Isso nos impõe a tarefa de fazer a descrição (mesmo para fins escolares) em função da língua oral, o que, paradoxalmente, nem em relação à "fonética", nas nossas gramáticas, é feito de maneira coerente. Foi o grande mérito de *O idioma nacional*, de Antenor Nascentes, ter focalizado decididamente a elocução, conforme discutido em Camara Jr. (1966a).

A falha fundamental, entretanto, tem sido a de partir de uma análise linguística perfunctória, deficiente, incerta e confusa. É preciso um trabalho persistente de nova *mise-au-point* (abordagem) nesse particular.

A descrição de uma língua é a depreensão da sua estrutura e a explicação das relações que aí se estabelecem. Da mesma sorte que a linguística histórica torna explícito o elo genético entre uma forma atual e outra anterior, a linguística descritiva se propõe a mostrar os elos atualmente vigentes entre as formas. São dois tipos de relações que em regra não coincidem nem têm em princípio que coincidir.

A esse propósito contentemo-nos aqui com uma ilustração apenas. No mecanismo da formação do feminino em português, há, além da adjunção da desinência -*a*, certas vezes um processo complementar de abrir o timbre da vogal média tônica no radical (/o/ passa para /ɔ/, como menos frequentemente /e/ passa para /ɛ/); em *avô-avó* é até a única marca de feminino existente. Essa formulação, porém, de tomar como ponto de partida o timbre fechado da vogal do radical, no masculino (ou, como é mais econômico e veremos adiante, tomar como ponto de partida o timbre aberto da vogal do radical, no feminino), é puramente sincrônica: diacronicamente, ora o timbre aberto é, com efeito, secundário em relação ao timbre fechado (como no sufixo -*osa*, em que /o/ era primitivamente fechado porque decorrente de um /ō/ longo latino), ora, ao contrário, o timbre aberto é que era o imaginário como proveniente de /ŏ/ breve latino e o timbre fechado do masculino é que vem a ser o secundário por assimilação à vogal átona final (metafonia), e tal é o caso, aliás, em *avô-avó*.

> Quando fala da "passagem" de /e/ para /ɛ/, o autor está se referindo a casos como ele/ela e *esse/essa*, em que a primeira letra <e> equivale a /e/ nas formas masculinas e a /ɛ/, nas femininas.

Da descrição resulta assim toda uma rede de correspondências e decorrências, que não refletem a realidade genética, mas cuja depreensão rigorosa se impõe para a justa interpretação da estrutura e do funcionamento da língua. Há até formas implícitas, ou "teóricas", que é preciso estabelecer como um ponto de referência necessária na apresentação do mecanismo das correlações entre as formas existentes.

A descrição pode tomar para objeto qualquer modalidade linguística, desde a mais popular ou remotamente regional até a mais elaborada, como, por exemplo, a língua da literatura. Importa, apenas, para ser exata e lúcida, concentrar-se no objeto especificamente escolhido.

Quando, porém, a intenção é, antes de tudo, dar uma base à disciplina gramatical no ensino escolar, tem de partir (como se vai fazer aqui) do registro falado e escrito considerado "culto", ou, melhor dito, como adequado para as condições "formais" no sentido inglês do adjetivo.

Sobre o estudo dos sons vocais

O primeiro problema descritivo para uma língua dada é estabelecer quais são os sons vocais com que se constroem as suas formas. A análise, descendo ordenadamente na segmentação das enunciações, tem de chegar aos sons elementares, isto é, àqueles que não são mais suscetíveis de divisão ulterior.

A gramática tradicional desfigurou o problema e sua solução, pondo em primeiro plano o símbolo gráfico ou letra. É claro que aqui se impunha, ainda mais que em qualquer outra parte do estudo descritivo, focalizar diretamente a língua oral.

É certo que as letras nos sistemas de escrita das línguas europeias modernas, continuando a tradição greco-latina, correspondem *grosso modo* a uma dedução intuitiva dos sons elementares da fala. Mas se trata de um trabalho meramente empírico, que não pode servir de base a uma descrição científica. Acresce que a língua escrita tem outros fins que não o de refletir de maneira exata e constante a língua oral, dado o seu papel próprio e predominante na vida social, como já rapidamente apreciamos no capítulo I. Não é por isso de esperar que mantenha rigor e coerência na correspondência inicial entre som vocal elementar e letra.

Mesmo numa grafia simples e bastante lógica, como é a da língua portuguesa, encontra-se uma letra com dois valores sônicos inteiramente diversos (como <s> em *sala* e *asa*, respectivamente [s] e [z]), um som elementar possível de se indicar por mais de uma letra (como [s] em *sala, cedo, próximo*), uma letra que indica sons elementares combinados, como sucede com <x> de *fixo* ([k̲s̲]), ou, ao contrário, duas letras combinadas para um som elementar uno, como <ch>, <lh>, <nh> (*acha, alho, anho*, respectivamente [ʃ, ʎ, ɲ]). E há ainda a circunstância de que a letra tende a se conservar apesar da mudança do som que ela indicava, como acontece em quase todo o território de língua portuguesa com <e> e <o> átonos finais de vocábulo. A segunda letra muito cedo passou a corresponder à vogal [ʊ]. A vogal <e> (/e/) manteve-se por mais tempo, mas por fim evoluiu em Portugal para a vogal central neutra, característica do dialeto lusitano ([ɨ]), e no Brasil ascendeu em regra a [ɪ]. O uso de [e] e até de [o] encontra-se dialetalmente no sul do país.

Não resta dúvida que o estudo gramatical, desde a Antiguidade, não se despreocupou inteiramente da realidade oral, atentando para ela através da letra. Nesta distinguiu-se teoricamente o **nomen** (seu nome no alfabeto, às vezes inteiramente convencional, como *erre* ou *xiz*), a **figura** (seu aspecto gráfico) e a **potestas** ou valor sônico. Mas tomar a letra como ponto de partida para estudar o som que ela indica já era um método, por si mesmo, ilógico, ajustado à metáfora popular de "pôr o carro adiante dos bois". O resultado foi a insegurança e a imprecisão da análise, com o frequente gravame de uma confusão na prática daquelas distinções que tinham sido teoricamente firmadas.

Só pelos meados do século XIX é que, pelo menos de maneira sistemática e rigorosa, se procurou surpreender diretamente a execução da fala, perceber bem as suas variações e classificar as qualidades sônicas encontradas. Com isso, criou-se uma disciplina para a descrição do mecanismo sônico das línguas, ou seja, a fonética. Desenvolveu-se uma técnica elaborada de exercitamento articulatório e auditivo, por parte do especialista, além de uma mentalidade nova, voltada exclusivamente para a língua oral e inteiramente desvinculada da língua escrita. O apoio da imagem gráfica, para se poder fixar e descrever os resultados, foi procurado num sistema de grafia específico, chamado **transcrição fonética**. A transcrição fonética é assim uma reprodução gráfica da língua oral e coisa muito diversa da grafia usual para a língua escrita. Sobre a sua função nos estudos linguísticos e suas modalidades, cf. Battisti (1938), ou ainda, Camara Jr. (1957a).

Para a língua portuguesa foi Gonçalves Viana, em Portugal, quem introduziu de maneira definitiva a nova disciplina (cf. CAMARA JR., 1956). O seu exemplo foi seguido no Brasil, onde já vimos que principalmente com Antenor Nascentes a gramática escolar passou a levar em conta a descrição fonética.

A melhoria ficou, entretanto, ainda muito deficiente por dois motivos.

Em primeiro lugar, a muitos de nossos gramáticos tem faltado o domínio da técnica fonética. Continuou a haver frequentemente a interferência da língua escrita e de suas letras, e as afirmações fonéticas foram muitas vezes confusas e irreais. A nomenclatura gramatical oficial (cf. CHEDIAK, 1960), por exemplo, cometeu pelo menos dois erros fonéticos fundamentais. Imaginou as consoantes fricativas como uma subdivisão das constritivas; ora, trata-se de duas designações sinônimas (constrição do canal bucal com efeito auditivo de fricção) para uma subdivisão das consoantes contínuas (onde há continuidade de emissão de ar, ao contrário das oclusivas, quando o ar é momentaneamente interrompido por uma oclusão do canal bucal). Na descrição das vogais, por outro lado, foi esquecida a qualidade sônica decorrente da elevação variável da língua (vogais baixas, médias e altas); assim se omitiu para o português o traço diferenciador entre a vogal alta [i] e as médias [e] e [ɛ], da mesma sorte que entre [u] e [o] e [ɔ].

A essas falhas na aplicação da teoria fonética deve-se acrescentar a resultante da própria teoria adotada.

A fonética surgiu no século XIX em linhas naturalísticas, como um estudo das articulações orais e dos efeitos auditivos em si mesmos. Procurava surpreender a realidade física em toda a sua exatidão, sem relacioná-la com o seu papel linguístico de construir as formas da língua e distingui-las umas das outras.

O século XX conheceu o desenvolvimento de uma nova disciplina interessada justamente nesta função lidimamente linguística dos sons vocais. Surgiu, a bem dizer simultaneamente, na Europa e nos Estados Unidos da América. Lá, sob a inspiração das doutrinas de Saussure em linguística, com as pesquisas e as elucubrações dos linguistas russos e tchecos reunidos no famoso Círculo Linguístico de Praga, a partir de 1925. Na América, teve uma primeira concretização com Edward Sapir, também na década de 1920, e em seguida se consolidou e em parte se reformulou com o ensinamento de Leonard Bloomfield, desde 1933, e os trabalhos de uma numerosa escola de discípulos diretos e indiretos.

Vista dessa nova perspectiva, a interpretação da fala adquire necessariamente outro aspecto. Mais do que o som vocal, realmente emitido, importa a sua função na economia geral da comunicação falada. Os sons vocais diversos, que a técnica de observação fonética é capaz de depreender e atribuir a processos diversos de articulação, só passam então a valer na descrição linguística na medida em que, por meio deles, também se estabelecem formas distintas quanto à sua aplicação e significação.

Assim, por exemplo, há em português duas consoantes distintas, /p/ e /b/, não propriamente porque há uma realização surda e outra sonora para a consoante oclusiva labial, mas porque na base dessas duas realizações se marca a diferença sônica de formas, de uso e significação distintas, como *pote* e *bote*, *aperto* (1ª pes. sing. ind. pres. de *apertar*) e *aberto* (part. pas. de *abrir*) e assim por diante. Já as diversas modalidades de articulação em português do chamado "erre forte" (em posição inicial de vocábulo, por exemplo) são irrelevantes nesse sentido. Quer se tenha uma vibração múltipla da língua junto à arcada dentária superior ([r]), ou uma vibração do dorso da língua junto do véu palatino ([χ]), ou uma tremulação da úvula ([R]), ou apenas uma forte fricção de ar na parte superior da faringe ([h, ɦ]), as formas em que aparecem essas execuções, tão diversas, continuam a ser uma forma linguística única, no seu uso e sentido. Com qualquer das quatro execuções articulatórias e o efeito auditivo específico, correspondente, se terá sempre, por exemplo, o substantivo *rato*, ou o adjetivo *rico*, ou o verbo *roubar*.

A dimensão linguística, assim introduzida na fonética, dá-lhe um cunho inteiramente novo. A unidade e identidade de um som vocal não estão na sua uniforme realização na fala, mas na sua capacidade de caracterizar, mesmo com variações ocorrentes, uma dada forma da língua. Assim considerado, o som vocal vem a ser o **fonema**, e a fonética, centrada nele se transpõe para uma nova disciplina, chamada **fonêmica** ou **fonologia**. **Fonêmica**, a designação usual norte-americana, foi adotada em meu trabalho *Para o estudo da fonêmica portuguesa* (CAMARA JR., 1953), onde há um excurso sobre os dois termos. A tendência hoje é limitar o âmbito da fonêmica, dentro da fonologia, ao levantamento técnico dos fonemas.

> Na prática, os termos **fonologia**, **fonêmica** e **fonemática** são utilizados como sinônimos, em oposição à **fonética**, e fazem referência à área dos estudos linguísticos dedicada à estrutura de uma língua no que diz respeito aos segmentos contrastivos (fonemas) e sua distribuição na cadeia fônica.
> Por outro lado, o termo **fonêmica** é mais encontrado em estudos de orientação estruturalista, enquanto fonologia é mais utilizado em modelos pós-estruturalistas. Nesse trecho, o autor deixa claro que concebe a fonêmica como parte da fonologia. Dessa forma, segue Kenneth Pike, que entende a fonêmica como a área da linguística que busca estabelecer as relações entre fonemas e alofones. Para Pike, ela fornece um método para converter a fala em sistemas de escrita. Seu livro de 1947 é o trabalho seminal desse modelo.

O termo **fonema** existia em grego antigo, no sentido de "voz". A introdução na linguística moderna foi feita, ou pelo menos foi firmada, por Baudouin de Courtenay e seu discípulo Kruszevski na Rússia. A convenção é representar entre barras, como aqui já fizemos acima, a transcrição da enumeração oral quando tem valor fonológico (fonema ou grupo de fonemas) e pôr entre colchetes o que não tem esse valor.

Com isso não se passa a prescindir, evidentemente, da observação fonética rigorosa para um registro cuidadoso das realizações ocorrentes. Apenas a essa observação e registro se tem de seguir, numa etapa mais propriamente linguística, um trabalho de comparação e coordenação, a fim de agrupar os sons anotados em unidades superiores, de ordem funcional, que são os fonemas.

São os sons vocais assim entendidos como fonemas que a descrição linguística deve, antes de tudo, apresentar. O campo de variações, que cada um deles comporta, constitui um aspecto derivado da descrição. Aí, por sua vez, impõe-se distinguir duas espécies muito diversas de variação.

De um lado, há as chamadas **variantes livres**, como são as quatro realizações do erre forte português, há pouco aludidas aqui. Correspondem a um estado de flutuação fonética, que no plano descritivo, ou sincrônico, é a contraparte de um lento trabalho diacrônico de mudança, que vai pouco a pouco ganhando novas áreas de falantes. No caso do erre forte português, por exemplo, a marcha diacrônica é no sentido da substituição a articulação ântero-bucal (vibração múltipla da ponta da língua junto aos dentes superiores) por uma vibração posterior, que vai da vibração da raiz da língua junto ao véu palatino à tremulação da úvula e à mera fricção faríngea; em suma, um processo análogo ao que já se completou em francês parisiense, com a consolidação da articulação uvular do chamado *erre grasseyé* (<r> pronunciado como fricativa uvular).

De outro lado, há as variações determinadas pelas condições do contexto fonético em que o fonema se realiza. Assim, em amplas áreas da língua portuguesa, em Portugal e no Brasil, a consoante contínua dita *lateral* (em virtude do escoamento do ar pela parte lateral da língua) perde em certas posições a articulação dental que tem quando constitui sílaba com uma vogal seguinte (cf. *lá*, *lei*, *lua* etc.); passa a ter uma articulação velar ([ɫ]), porque a língua se retrai para o fundo da boca e a parte axial do seu dorso é que toca o véu palatino, em vez de haver um avanço, com a ponta firmando-se nos dentes superiores. Na pronúncia normal de Lisboa, não só o <l> em final de sílaba, pós-vocálico, mas até o intervocálico (*ala*, *ela* etc.) tem articulação velar ([ɫ]) numa típica variante posicional da consoante.

São essas **variantes posicionais**, ou contextuais, isto é, determinadas pela posição da consoante no contexto fonético, que têm mais importância numa descrição linguística após o levantamento geral dos fonemas. É que expressam um mecanismo preciso de adaptação das articulações de cada fonema, relevante para o traçado da genuína fisionomia das línguas.

As variantes livres merecem, sem dúvida, certa atenção para o ensino de uma língua estrangeira, porque o falante não nativo, sem conhecê-las bem, pode ser incapaz de, através delas, identificar os fonemas, que lhe permitem distinguir as formas da língua e, portanto, compreender plenamente a significação do que ouve. Já o falante nativo as reporta intuitivamente ao fonema de que fazem parte, e muitas vezes, até, não sente peculiaridades que logo impressionam e perturbam os que têm outra língua materna.

Nestas considerações sobre o estudo dos sons vocais, limitemo-nos a mostrar rapidamente como o conceito de fonema torna, a um tempo, mais clara e mais simples a descrição linguística. Parece importante fazê-lo em vista da ideia generalizada entre gramáticos e professores de português, a respeito de uma suposta complexidade da abordagem fonêmica, tida como imprópria para os leigos em linguística e os estudantes sem sofisticação. Foi pelo menos o argumento dado pela comissão oficial, encarregada do projeto da já agora vigente **Nomenclatura Gramatical Brasileira** (NGB), para ater-se fora dessa abordagem.

A fonética naturalística se esforça por destacar todos os traços articulatórios que surpreende na fala de qualquer língua. Evidentemente, por maior que seja o apuro e excelência do foneticista, não se consegue obter com isso um registro verdadeiramente completo. Há sempre uma seleção, que é a rigor arbitrária, pois lhe falta um princípio diretor. Demais, se é insuficiente até certo ponto como observação física, é excessiva do ponto de vista funcional. E deste último ponto de vista é até perturbadora, porque insiste em certas peculiaridades que a ele não interessam. Como adverte Sapir (1961, p. 63), "dá-se uma importância indevida a discriminações minuciosas, apenas vistas em si mesmas", com "o efeito contraproducente de obscurecer fatos essenciais".

Para a compreensão do funcionamento da língua como meio de comunicação oral, o que importa são os **traços articulatórios pertinentes**, isto é, aqueles que servem para caracterizar um fonema em face de outros que têm com ele traços comuns.

Tanto para o falante nativo como para o estrangeiro, falando e ouvindo, são esses traços pertinentes que acima de tudo é preciso apreender e utilizar. O "sotaque", tantas vezes perturbador para a comunicação, por parte de um falante não nativo, decorre essencialmente da circunstância de ele trazer para a língua estranha traços que são pertinentes apenas para os fonemas da sua língua materna. Como observa muito bem Weinreich (1953, p. 20), o tratamento fonêmico no ensino de uma língua estrangeira já "não precisa de justificação". Da mesma sorte, a elocução "ideal", para o falante nativo, é aquela em que todos os traços pertinentes, e eles somente, figuram com plenitude e nitidez. O ensino da língua-padrão, em seu aspecto oral, está assim em dependência íntima com uma descrição fonológica adequada.

Tal descrição é igualmente mais simples, sem prejuízo da desejada plenitude.

A simplicidade está na hierarquização das realizações sônicas. A definição e classificação dos fonemas fornecem um quadro geral compreensivo, que se pode aprofundar, em seguida, com a apresentação das variantes posicionais e ainda uma referência, mais ou menos minuciosa, segundo as necessidades do estudo, às variantes livres.

Por outro lado, as oposições entre os fonemas, obtidos numa determinada posição, em que mais favoravelmente eles aparecem, são muitas vezes suprimidas, ou **neutralizadas**, em outras posições. Em português, por exemplo, a posição mais favorável para o quadro das consoantes é em início de sílaba. Em fim de sílaba, depois da vogal, o quadro é muito pequeno. A rigor, só temos então a vibrante /r/, a lateral /l/ e uma sibilante, além da ressonância nasal que é a redução de uma consoante nasal pós-vocálica e que cria a chamada vogal nasal (como em *lã*, *campo* ou *lenço*). E ainda, assim, em muitas falas populares, /l/ não figura, nem sequer na sua variante velar ([ɫ]), mas é substituído por um [u] como vogal auxiliar de ditongo ([w]) – é o que ocorre na área

A rigor, a posição privilegiada para o estabelecimento de contrastes é a intervocálica, já que, como veremos adiante, determinadas consoantes ([ɲ, ʎ, ɾ]) são interditadas em início de palavra ou em início de sílaba, se precedida de consoante. Então, quando o autor faz referência à posição de início de sílaba, deve-se ter em conta as que figuram nessas posições.

do Rio de Janeiro, embora ainda não de maneira absoluta. Ora, a sibilante dessa posição é o resultado da neutralização de quatro fonemas sibilantes portugueses, constantes da posição pré-vocálica (as consoantes iniciais de *selas, Chelas, zelas* e *gelas*, respectivamente). A sibilante pós-vocálica pode ser uma sibilante pura (como as de *selas* e *zelas*, respectivamente [s] e [z]) ou uma chiante (como as de *Chelas* e *gelas*, respectivamente [ʃ] e [ʒ]), conforme a região, e surda ou sonora, conforme o contexto (sonora [z, ʒ] em contato com consoante sonora; surda [s, ʃ] em contato com consoante surda); mas em qualquer dessas realizações é um fonema único, resultado da supressão de um sistema quadripartido de oposições de traços pertinentes em posição pré-vocálica (surdo *versus* sonoro em *selas, Chelas* em face de *zelas, gelas*; sibilante puro *versus* chiante na confrontação de *selas, zelas* com *Chelas, gelas*).

O método de levantamento fonético, que não leva em conta a hierarquia dos sons vocais elementares, nem a das posições em que eles ocorrem, da mais rica para a mais pobre de fonemas, baralha necessariamente a descrição e a torna de uma complexidade que não está, a rigor, na língua, mas na maneira viciosa de descrevê-la.

As vogais em português

Como exemplificação da conveniência de uma orientação fonêmica – em vez de rigorosamente fonética – na descrição da fonologia de uma língua dada, consideremos aqui, perfunctoriamente embora, o problema descritivo para as vogais em português.

A realidade da língua oral é muito mais complexa do que dá a entender o uso aparentemente simples e regular das cinco letras vogais na escrita.

Os falantes de língua espanhola têm uma grande dificuldade diante do português falado, justamente por causa da variada gama dos nossos limites vocálicos, em contraste com a relativa simplicidade e consistência do sistema vocálico espanhol. Portugueses e brasileiros, ao contrário, acompanham razoavelmente bem o espanhol falado, porque se defrontam com um jogo de timbres vocálicos muito menor e muito menos variável que o seu próprio.

Na sua clássica exposição da pronúncia normal do português europeu, Gonçalves Viana (1892) procurou cingir rigorosamente essa realidade. Mais tarde, embora já se estivesse numa época em que ia se impondo outra orientação na Europa e na América do Norte, Sá Nogueira (1938) levou ainda mais longe a subdivisão dos timbres vocálicos. Gonçalves Viana tratou no mesmo plano o que hoje distinguiríamos como **fonemas**, de um lado, e **alofones**, ou **variantes posicionais**, de outro. Sá Nogueira procurou indiscriminadamente destacar e dar *status* próprio de fonemas ao que são antes as variantes, posicionais, livres e até estilísticas. É claro que ainda assim ficou aquém da realidade fonética, porque o timbre vocálico depende do formato da caixa de ressonância, que se constitui na boca, e varia com a mais ligeira variação desse formato.

No Brasil o enfoque da língua oral começou com Franco de Sá (1915) numa obra que ficou infelizmente fragmentária. Não vai muito longe no rigor fonético, porque Franco de Sá, um antigo político retirado da vida pública, não era foneticista de formação e, além disso, não foi um observador direto da fala em si mesma. O seu método parte, em última análise, da língua escrita, pois o que ele pretende é examinar a maneira por que cada letra vogal é pronunciada nas palavras em que se escreve.

A sua doutrina é que as cinco letras vogais, na pronúncia "culta" brasileira, têm três variedades de timbre, que ele chama, respectivamente, **aberto**, **fechado** e **surdo** (FRANCO DE SÁ, 1915, p. 180).

É o que está na base de todas as descrições posteriores, até a atual *Nomenclatura gramatical brasileira*. Apenas o termo **surdo** foi substituído pelo termo **reduzido**, que aparece esporadicamente em Gonçalves Viana. Provavelmente **surdo** pareceu denominação imprópria, em vista do seu sentido geral em fonética de (som) emitido sem vibração das cordas vocais, em contraste com **sonoro**. Há, entretanto, variantes posicionais surdas, propriamente ditas, em certos contextos e registros (cf. LEMLE, 1966, p. 1-2).

A espinha dorsal do critério classificatório de Franco de Sá, que continuou até hoje, é a atribuição de um *status* próprio a certos timbres específicos do /a/, do /i/ e do /u/ em determinadas posições átonas. Focalizando inicialmente a letra, considerou-se como <e> surdo, ou reduzido ([ɪ]), e <o> surdo, ou reduzido ([ʊ]), o que a rigor são timbres de /i/ e /u/, como a vogal final de *vide* e *fruto*, por exemplo. Em relação ao <e> surdo ([ɪ]), Franco de Sá também assim denomina o <e> neutro, articulado na parte central da boca com um ligeiro levantamento da língua ([ɨ]), que é típico da fonologia lusitana, em divergência com a brasileira, e se deve considerar, este sim, como uma variante posicional da vogal /e/. Há também quem o interprete como um fonema e não como uma variante posicional. O problema, bastante complexo, não nos interessa diretamente aqui.

Na fonologia brasileira, <e> e <o> surdos ou reduzidos são na realidade /i/ e /u/ em certas posições átonas ([ɪ, ʊ]), embora não tenham evidentemente o mesmo timbre que /i/ e /u/ tônicos. Franco de Sá (1915, p. 180) os considerava sons "ambíguos". É que em muitos casos há uma alternativa de se realizar um /e/ ou um /o/, respectivamente. A "ambiguidade" não é do timbre, portanto, como ele supõe, mas da norma fonológica que oscila entre duas pautas vocálicas. Em *passear* ou *voar*, como exemplos de uma posição átona em hiato com /a/ tônico, não há um <e> reduzido e um <o> reduzido, respectivamente; há uma oscilação entre duas enunciações possíveis: [i] e [u] no uso informal (da fala coloquial espontânea) ou [e] e [o], francamente, num uso formal, consciente, em que atua a associação paradigmática com as formas de vogal tônica (*passeio*, *voo*) e ainda a imagem das letras <e> e <o> da grafia. A única diferença para a primeira vogal pretônica dos vocábulos *coruja* e *lugar* é que, para o primeiro vocábulo, a vogal [u], que é aí normal, pode ser substituída por [o] (fechado), numa pronúncia exageradamente formal, e tal não acontece nunca com *lugar*.

Para a orientação fonêmica, ao contrário, o que antes de tudo importa é que os sons, classificados como surdos ou reduzidos, são consequência da posição átona da vogal. A classificação em linhas fonêmicas não procura como norma classificatória a identidade do timbre, que, aliás, nunca se encontraria a rigor em termos meticulosamente fonéticos. O que interessa são as qualidades fonéticas (certos movimentos articulatórios e consequentes efeitos auditivos) que funcionam como traços distintivos das formas linguísticas. Diferenças, muito grandes até, podem resultar na "mesma coisa", a considerá-las desse ponto de vista.

Para as vogais portuguesas a presença do acento (ou particular força expiratória) na emissão constitui a circunstância ótima para caracterizá-las. O que se chama **acento** ora é uma força maior expiratória na emissão da vogal (intensidade), ora uma maior elevação da voz nessa emissão (tom).

Os dois fatos estão um tanto ligados entre si. As línguas em que no acento predomina a força expiratória são ditas "intensivas"; aquelas em que predomina a altura da voz são ditas "tonais". A posição tônica é que nos dá em sua nitidez e plenitude os traços distintivos vocálicos.

As posições átonas favorecem o que na teoria fonêmica se chama a **neutralização**. Certas oposições que, em posição tônica, têm valor distintivo, se suprimem ou desaparecem. Assim, há em português um contraste vocálico, que esteia uma diferença de significação, entre *forma* (com /ɔ/) e *fôrma* (com /o/). Ele serve, por exemplo, para o jogo verbal de Manuel Bandeira (*Poesias escolhidas*, 1937) num trecho famoso de *Os sapos*, quando o "sapo tanoeiro", "parnasiano aguado", se gaba de em sua poética ter reduzido "a fôrmas a forma". Entretanto, no adjetivo derivado de *forma* (*formoso*), em que a vogal da raiz passa a pretônica, aparece o timbre fechado ([o]), sem prejuízo de sua associação paradigmática com *forma*. Ninguém interpretará o adjetivo como um derivado de *fôrma* por causa do timbre fechado do <o>, porque na posição pretônica o timbre fechado não é distintivo e resulta da neutralização da oposição /o/-/ɔ/.

> A grafia aqui usada por Mattoso Camara (*fôrma*) não é a corrente, que perdeu o acento circunflexo com o fim dos acentos diferenciais no Acordo Ortográfico de 1990. Mantivemos a grafia de Mattoso para clareza do trecho.

Desta sorte a classificação das vogais como fonemas tem de assentar na posição tônica. Daí se deduzem todas as vogais distintivas em português, resultantes da conjugação do movimento horizontal (para a frente da boca ou para trás) e vertical (gradual elevação) da língua em concomitância com um movimento de distensão ou de arredondamento dos lábios.

No movimento vertical são distintivas quatro posições da língua: baixa, média de 1º grau (timbre aberto), média de 2º grau (timbre fechado) e alta. A essas elevações da língua corresponde um avanço ou um recuo cada vez maior em movimento horizontal. O recuo se articula com um arredondamento dos lábios e o avanço com uma distensão.

Daí resultam 7 vogais, ou fonemas vocálicos, em português: anterior baixa (/a/), anterior média de 1º grau (/ɛ/), anterior média de 2º grau (/e/), anterior alta (/i/), posterior média de 1º grau arredondada (/ɔ/), posterior média de 2º grau arredondada (/o/), posterior alta arredondada (/u/). É, por exemplo, /a/ que nos faz identificar *saco*, em contraste com *soco*, com *seco* e com *suco*; ou /e/ que opõe *vê* a *vi*; ou /o/ que opõe *avô* a *avó*; ou /u/ que opõe *tu* a *ti*; e assim por diante. A classificação e nomenclatura da *Nomenclatura gramatical brasileira* é falha; o seu erro fundamental é não levar em conta a elevação gradual da língua e por isso empregar **média** para o movimento horizontal da língua, assim denominando /a/ no falso pressuposto de que a língua fica no meio ou centro da boca.

> Observe que, coerente com o que disse mais atrás, numa crítica à NGB, Mattoso Camara considera o /a/ uma vogal anterior, e não central. Nos dias de hoje, é quase consensual, no entanto, a ideia de que essa vogal é levemente recuada, aproximando-se, portanto, mais das posteriores do que das anteriores. Essa classificação aparece em obras como Christófaro-Silva (2017) e Lazzaroto-Volcão et al. (2019).

Em posição átona esse quadro de oposições vocálicas se modifica em dois sentidos: de um lado, há diferença fonética de timbre para uma mesma vogal, quando em posição tônica ou em posição átona; de outro lado, as distinções tendem a se reduzir por neutralização, pelo menos na fonologia brasileira (pois é nas posições átonas que se afirma a diferença de vocalismo entre Portugal e Brasil).

Alhures (CAMARA JR., 1953), já procurei mostrar como há, a rigor, três quadros átonos distintos para as vogais no português do Brasil: o quadro das vogais pretônicas, o das vogais postônicas não finais (nos vocábulos proparoxítonos) e o das vogais átonas finais.

Nesta última posição, a pronúncia mais generalizada, e praticamente "padrão", é, como no Rio de Janeiro, a redução drástica do quadro das vogais. Há uma supressão das oposições /ɛ/ - /e/ - /i/, de um lado, e /ɔ/ - /o/ - /u/, de outro lado, com o aparecimento de um débil /i/ e um débil /u/ átonos ([ɪ, ʊ]), que contrastam entre si e com /a/ (emitido com um ligeiro recuo da língua num alofone posterior ou "abafado", [ɐ]). Assim se distinguem *lide*, *lido* e *lida* pelo timbre da vogal final tão somente. Ao contrário, *menos* rima com *Vênus*, e *impele* com *Regina Coeli*, de acordo com essa fonologia-padrão nos versos dos nossos melhores poetas (cf. CAMARA JR., 1953).

> Aqui, Mattoso ressalta que /o/ e /u/ não distinguem palavras quando postônicos, como se vê pelo fato de *menos* rimar com *Vênus*: obviamente, isso implica que *menos* pode ser pronunciada ['me.nʊs] (dialeto carioca: ['me.nʊʃ]) sem que isso a torne outra palavra – isto é, sem mudar de significado. O mesmo raciocínio vale para o par *impele* e *Coeli*, em que /e/ e /i/ deixam de contrastar nessa posição, por ser comum a pronúncia [ĩᵐ.'pɛ.lɪ].

Mattoso não apresenta evidências concretas aqui para o sugerido contraste entre /e/ e /i/ na primeira sílaba postônica de proparoxítonos; mas há pares análogos que apoiam sua posição: tráfego x tráfico; trôpego x trópico; pêssego x pérsico. Pode-se dizer, entretanto, que esses pares não comprovam o contraste, especialmente em dialetos em que /e/ pode ser pronunciado [i] ou [ɪ] nesses contextos (isto é, em que pêssego pode ser ['pe.sɪ.gʊ]).

Em posição postônica não final, há /e/ (com timbre fechado débil), ao lado de /i/, mas não /o/ ao lado de /u/, como muito bem anotou Nascentes (1939, p. 126). Por isso, nos nossos poetas *ídolo* rima com *estrídulo* e *pérola* com *cérula*, apesar da ilusória diferença gráfica (cf. CAMARA JR., 1953, nota 12).

A posição pretônica apenas neutraliza, ou suprime, a oposição de dois graus nas vogais médias. Aí é bem diversa a situação entre Portugal e Brasil.

Em Portugal o quadro é complexo, porque só aparecem /e/ e /o/ em parcela muito pequena do vocabulário, decorrente de um processo diacrônico. Ou decorreram de uma crase entre dois /e/ e dois /o/ contíguos no período arcaico, ou de um /e/ ou um /o/ que de início era seguido na mesma sílaba por uma consoante oclusiva. Há assim *corar*, do antigo *coorar* (lat. *colorare*), em contraste com *curar*; mas *morar* e *murar* (que tão bem distinguimos no Brasil) confluem na pronúncia [mu.ˈɾaɾ] (dialeto carioca: [mu.ˈɾah]).

Pelo Acordo Ortográfico, caem, na ortografia oficial de Portugal, as chamadas "consoantes mudas", como a que aparece em rectidão. Contrariamente, em palavras como pacto e facto, o <c> não cai porque é sempre pronunciado na variedade europeia.

Analogamente em *rectidão* (onde <c> é escrito, mas não pronunciado) tem-se, por causa de uma inicial pronúncia com *rec-* /rek/ da primeira sílaba, um [e], quando geralmente /e/ pretônico passa a um [i] neutro, isto é, central com muito ligeira elevação da língua. Igualmente, em decorrência da crase ou de uma oclusiva já não pronunciada, há em Portugal /a/ anterior, mais ou menos com o timbre de /a/ tônico, enquanto no Brasil /a/ átono é sempre "abafado", isto é, de articulação ligeiramente posterior ([ɐ]). É esta diferença fonológica entre Portugal e o Brasil que está na base do "problema da crase", para os brasileiros, isto é, em termos de língua escrita, a marcação com acento grave da contração da preposição *a* com o artigo *a*. Discuti esse assunto em Camara Jr. (1957b) e em Camara Jr. (1965).

No Brasil, por outro lado, a oposição entre /e/ e /i/ ou entre /o/ e /u/, pretônicos, é funcionalmente pobre, porque a vogal alta substitui a vogal média correspondente, na pronúncia usual, para a maior parte dos vocábulos que têm vogal alta na sílaba tônica e ainda outros casos, como nos hiatos do tipo *cear, voar* e, para a vogal anterior, na substituição de /ez/ inicial por [is] (dialeto carioca: [iʃ]), como em *estar, expor* etc. Assim, *comprido* ("longo") se tornou homófono de *cumprido* ("executado"), da mesma sorte que se diz [kuˈru.ʒɐ], [miˈni.nʊ] etc. Há porém certa flutuação. Um mesmo vocábulo pode ter a forma com [i] (ou [u]) ou a forma com [e] (ou [o]), de acordo com o registro, informal ou formal, respectivamente, que adota um mesmo falante.

> Para ser fiel à interpretação fonológica do autor nesta obra, optamos por transcrever por /z/ as sibilantes em final de sílaba. No original, ele emprega /es/ neste trecho, mas essa representação é contraditória com o que afirma sobre as sibilantes mais adiante.

É relativamente fácil fazer uma descrição rigorosa dessa situação, levando-se em conta as diversidades de registros e as partes do vocabulário de uso frequente ou de uso restritivamente "culto" (isto é, só escolhidos na linguagem mais ou menos formal).

Não tentaremos essa descrição neste capítulo, que apenas quer chamar a atenção para a problemática das vogais portuguesas.

Resta um último tópico, que é o das chamadas **vogais nasais**.

A língua portuguesa se caracteriza, entre as línguas românicas, por uma emissão nasal para as vogais muitas vezes. O mesmo fato se apresenta em francês, mas em condições fonológicas um tanto diversas, como veremos mais tarde. Nas demais línguas românicas o que a fonética apurada registra é uma leve nasalação de uma vogal em contato com uma consoante nasal da sílaba seguinte, no mesmo vocábulo.

Não há equivalência entre as duas emissões nasais. O segundo tipo de nasalidade não funciona para distinguir formas e não é, portanto, de natureza fonológica. É no que insiste, com toda a razão, o pequeno livro clássico de Malmberg (1963).

A ressalva tem muita importância, porque o português, ao lado da nasalidade fonológica, também tem essa nasalidade ocorrente por assimilação à

Além de nasalidade fonológica (*junta* x *juta*) e de nasalidade fonética por assimilação (*tema* ['tẽ.ma]), o português apresenta ainda a chamada *nasalidade espontânea*. Nesse caso, nenhum elemento nasal do contexto fonético parece responder pela realização nasal da vogal. O fenômeno é comum com /i/, talvez por conta de uma associação com o prefixo de negação *in-*. Tal é o caso de realizações como *ingreja, indiota, inronia*. Há ainda casos de vogal nasal que parecem resultar da "flutuação" de uma nasalidade não adjacente, como em: *indentidade* por *identidade, sombrancelha* por *sobrancelha*, e *imprensionante* por *impressionante*.

consoante nasal de uma sílaba seguinte. É preciso assinalar, portanto, que uma nasalidade como de *junta* oposto a *juta*, ou de *cinto* oposto a *cito*, ou de *lenda* oposto a *leda*, e assim por diante, não se deve confundir com uma pronúncia levemente nasal da primeira vogal de *cimo*, ou de *uma*, ou de *tema* etc., em que o falante tende a antecipar o abaixamento do véu palatino, necessário à emissão nasal da consoante na sílaba seguinte, e emite já nasalada a vogal precedente. Aí não há oposição entre a vogal nasalada e a vogal, também possível, no mesmo vocábulo, sem a nasalação. Com uma nasalação ou sem ela aparecerão sempre as mesmas formas vocabulares (*cimo, uma, tema* etc.).

A preocupação fonética naturalística, que, mesmo inconsistentemente, se manifesta hoje cada vez mais no nosso ensino escolar, tem levado a uma teoria das vogais nasais que inclui os dois casos.

A perturbação daí resultante é enorme, porque o falante espontâneo "não sente" no segundo caso uma nasalidade que seja funcionalmente válida. O gramático, à maneira da criada de Ali Babá, marca com cruz vermelha todas as portas e já não assinala o valor fonêmico das vogais nasais em português.

A frase, no original, é: "o falante espontâneo "*não sente*" no segundo caso uma nasalidade que *não* é funcionalmente válida" (p. 25). Mas, parece-nos, o que Mattoso quer dizer aqui é que o falante nativo do português *sente* que o segundo tipo de nasalidade – a nasalidade fonética – *não* é funcionalmente válido. Logo, o falante *não sente* que no segundo caso a nasalidade *seja* funcionalmente válida. Revisamos o trecho de acordo com esse entendimento.

Diante de uma possível nasalação que é meramente mecânica e fonética (sem efeito para distinguir formas da língua) e de uma nasalação que se opõe distintamente à não nasalação, é preciso encontrar um traço específico que caracteriza as vogais que são nasais em termos fonêmicos. São elas as únicas vogais nasais portuguesas que merecem tal classificação.

O meu ponto de vista (cf. CAMARA JR., 1953), já antigo (que ainda não foi aceito pacificamente), é que se deve procurar esse traço distintivo na constituição da sílaba. Em outros termos, a vogal nasal fica entendida como um grupo de dois fonemas que se combinam na sílaba: vogal e elemento nasal.

Dentro dessa interpretação, a vogal nasal portuguesa vai figurar na descrição das sílabas, como se deve fazer para o ditongo, os grupos de consoantes e os grupos de vogal e consoante.

A sílaba portuguesa será o tema de nosso próximo capítulo.

> Como frisará no próximo capítulo, Mattoso propõe que, quando a vogal nasal tem valor funcional, "fonêmico", como em *campo* ['kɐ̃$^{(m)}$.pʊ] vs. *capo* ['ka.pʊ], ou *cinto* ['sĩ$^{(n)}$.tʊ] vs. *cito* ['si.tʊ], trata-se na verdade de um grupo de *dois* fonemas, uma vogal oral e o arquifonema nasal /N/ travando a sílaba; esse grupo se materializa foneticamente como uma vogal nasal.

IV

A estrutura da sílaba

Os fonemas (vogais e consoantes) funcionam na enunciação linguística combinados numa unidade superior, que é conhecida tradicionalmente pelo nome grego de **sílaba**.

A natureza físico-articulatória da sílaba é muito complexa e pode ser estudada sob vários aspectos, conforme se focalize a série de movimentos bucais, ou o impulso expiratório, ou a tensão dos órgãos fonadores, ou o efeito auditivo que resulta de tudo isso. O que interessa linguisticamente, porém, é a unidade da sílaba como elemento funcional. Marcam-na aí uma fase ascensional, ou "crescente", um momento de plenitude e uma fase de descensão, ou "decrescente".

Assim, a enunciação da sílaba, quando ela é completa, consta de um aclive, um ápice e um declive. Ao ápice corresponde, em regra, a emissão de uma vogal (é possível um ápice de consoante com /s/ em interjeições, e em outras línguas, com /r/, /l/ e até /n/). É ele o momento essencial da sílaba, e o fonema que o realiza vem a ser o **silábico**. Os outros fonemas, **assilábicos**, no aclive ou no declive da sílaba, podem faltar.

Chamando-se V a qualquer vogal e C a qualquer consoante, têm-se as três estruturas fundamentais da sílaba: V (sílaba simples), CV (sílaba completa, mas **aberta** ou **livre**, porque termina no silábico), e, como sílabas **fechadas** ou **travadas**, VC (em que falta o aclive) e CVC (sílaba completa, com aclive e declive). A exemplificação em português pode ser: *há* (V), *pá* (CV), *ás* (VC), *par* (CVC). No caso de *há*, a ortografia prescreve <h> inicial, que não tem realidade fonética sequer, e muito menos fonológica; tem uma e outra o chamado [h] aspirado de muitas línguas, como, por exemplo, o inglês.

De fato, todas as consoantes podem aparecer na posição de ataque (aclive), mas desde que esse ataque não corresponda à posição de início de palavra. Nesse último caso, como já mencionamos, três consoantes praticamente não ocorrem em português: [ɲ, ɾ, ʎ]. Os poucos casos existentes são oriundos de outras línguas ou adaptações de seus falantes: *nhoque*, *lhama* e *nhô*, por exemplo. Além desses casos, a lateral palatal [ʎ] aparece no pronome *lhe*.

A língua portuguesa se caracteriza por uma grande predominância de sílabas livres ou abertas. Nelas se incluem, evidentemente, as sílabas simples. Todas as consoantes portuguesas podem aparecer no aclive de uma sílaba, isto é, como crescentes. Sílabas travadas ou fechadas são muito menos frequentes e com uma limitação muito grande das consoantes que podem figurar no declive, isto é, como decrescentes. Em compensação, as vogais /i/ e /u/ podem figurar nesta parte da sílaba como decrescentes e assilábicas (em transcrição fonológica, respectivamente, /j/ e /w/). Constituem com a vogal silábica o chamado ditongo decrescente, como em *pai* e *pau*, que se opõem distintivamente a *pá*.

Aqui, a transcrição de Mattoso sugere que as semivogais são fonemas; mas, ainda neste capítulo, ele dará a entender que são manifestações fonéticas de /i/ e /u/ após a aplicação de regras de silabação.

Também há a possibilidade de duas consoantes no aclive.

A segunda é sempre /ɾ/ ou /l/, combinada com uma das oclusivas (/p, b, t, d, k, g/) ou com uma das fricativas de articulação labial (/f, v/), como nas sílabas iniciais de *preto*, *bloco*, *trazer*, *druida*, *claro*, *grito*, *fraco*, ou na sílaba final de *livro*. A vogal /u/ também, nessa posição, pode tornar-se assilábica se depois de uma das consoantes /k/ ou /g/, constituindo com a vogal seguinte um ditongo crescente, como em *qual*. Daí a possibilidade de tritongo em português (vogais assilábicas no aclive e no declive), como em *quais* /kwajs/, que se distingue de /ku.ajs/, isto é, *coais* do verbo *coar*, onde há /u/ silábico e, portanto, duas sílabas.

Na língua escrita, entretanto, aparecem, além dos grupos em que o segundo elemento é /ɾ/ ou /l/, outros grupos de letras consoantes diante de uma letra vogal, como em *ptose* "queda" (linguagem científica), *ctônio* "nascido da terra", *pneumático*, e a sua redução da linguagem usual *pneu*, *psicologia* etc.

Na realidade, a primeira consoante constitui em português uma sílaba distinta. O seu ápice silábico é um [i] (em Portugal é o chamado <e> neutro, de articulação diferente, [i]), que na pronúncia culta se procura reduzir o mais possível em sua missão, mas existe apesar de tudo.

Esses grupos de letras aparecem igualmente escritos no interior de vocábulos, entre duas vogais, como em *apto*, *técnica*, *opção* etc. O fenômeno fonológico é o mesmo. Há entre as duas consoantes um silábico [i] (que a pronúncia culta procura reduzir). Ele separa a primeira das consoantes como sílaba distinta.

A redução em posição postônica é equivalente à que sofre normalmente o silábico da penúltima sílaba dos esdrúxulos em geral. Não se distinguem, por exemplo, as pautas prosódicas dos vocábulos *rapto* e *rápido*.

Já antes de vogal tônica, como em *opção*, manifesta-se o esforço da pronúncia culta para reduzir a emissão do [i] não escrito, contrariando a usual emissão plena das vogais pretônicas no português-padrão do Brasil. Em *opção*, por exemplo, a segunda sílaba torna-se [pɪ].

Há até quem, por ultracorreção, estenda indevidamente essa redução a um vocábulo como *adivinhar*, pronunciando também [dʒɪ] e grafando um grupo de letras <dv> em vez de <div>. Entra também aí uma errônea interpretação de *ad-* como prefixo; à ultracorreção fonética se acrescenta outra de ordem morfológica.

Cabem, neste trecho, três comentários: (a) Atualmente, também existe a proposta de ignorar o ditongo com essas consoantes, interpretando-as fonologicamente como elementos complexos de articulação secundária velar, respectivamente /kʷ/ e /gʷ/ (cf. PARDAL, 1977; MARTINS, 1988; e, principalmente, BISOL, 1989). (b) Em relação ao *status* das representações /kwajs/ e /ku.ajs/, tenha-se em mente o que dissemos no comentário anterior, acerca do caráter não fonêmico das semivogais. (c) Muito oportunamente, Mattoso não indica o acento nessas representações fonológicas, entendendo, com isso, que este corresponde a uma regra e, por isso, só faria parte das representações fonéticas. Essa proposta pode esbarrar em casos de sequências de sons que recebem diferentes acentos, como o famoso trio *sábia*, *sabia* e *sabiá*. Nesses, ou o acento seria parte das representações fonêmicas, ou as regras de acento acessariam algum outro tipo de informação lexical (por exemplo, fronteiras e categorias morfológicas, ou extrametricalidade de segmentos).

Ao contrário, na pronúncia coloquial espontânea não há diferença de tratamento para [i] pretônico conforme o vocábulo; *admitir*, por exemplo, só se distingue de *demitir* (em que na linguagem coloquial a primeira vogal é na realidade [i]) pela vogal inicial /a/ ([a.dʒi.miˈtʃiɾ] : [dʒi.miˈtʃiɾ]; no dialeto carioca: [a.dʒi.miˈtʃih] : [dʒi.miˈtʃih]). Em Portugal, em que a tendência é reduzir a emissão de todas as vogais átonas, mesmo pretônicas, o nivelamento entre *admitir* e *demitir* se faz em sentido oposto; em ambos os vocábulos aparece um <e> neutro reduzido.

> Nem todos os dialetos brasileiros apresentam a pronúncia de *demitir* descrita por Mattoso aqui. Muitos mantêm a vogal média pretônica intacta: [de.miˈtʃiɾ].

Dadas essas condições, é inexato em formas como *apto, técnica* etc. supor uma sílaba fechada por /p/ ou /k/. Tais consoantes não são aí decrescentes e não estão no declive da sílaba. É artificial também, por outro lado, considerar que se trata de um grupo consonantal crescente, no aclive da sílaba. O elemento vocálico intermédio, entre as duas consoantes, excepcionalmente reduzido em sua emissão ou não, assinala com a primeira consoante uma sílaba de *per si*. É a interpretação de Morais Barbosa (1965), num trabalho recente, e é a que eu tinha adotado, antes dele, para análise da língua culta do português do Brasil, assimilando fonologicamente, a redução da vogal à sua supressão (CAMARA JR., 1953).

A convenção ortográfica de separar *ap-to, téc-ni-ca* etc., não tem assim fundamento fonológico. Também não o teria, por outro lado, a separação *a-pto, té-cni-ca*.

Em *rapto*, a emissão é de um esdrúxulo, como em *rápido*. Em *técnica* e outros vocábulos desse tipo, pronunciam-se na realidade três sílabas depois da sílaba tônica, como também acontece em formas verbais, de acento na antepenúltima sílaba, seguidas de variação pronominal átona (*amávamos-te*), ditas **biesdrúxulas** por Gonçalves Viana (1892).

É curioso observar que, em sílaba final de vocábulo, a tradição escolar faz a interpretação certa. Admite então, pacificamente, que não há consoante final /p/, /t/ etc. fechando a sílaba. A ortografia vigente "aportuguesa" até vocábulos estrangeiros dessa natureza, prescrevendo uma letra <e>, correspondente a um [i] mais ou menos reduzido (como é todo [ɪ] átono final), depois da consoante. A praxe ortodoxa é escrever *clube, Judite* e assim por diante. Nas onomatopeias, em que não se adota essa praxe, a letra consoante final é entendida como uma sílaba e fica pressuposto um silábico não escrito. É o que ilustram os versos iniciais de "A Moleirinha" de Guerra Junqueiro no seu tratamento de *toc-toc*:

> *Pela estrada plana, toc-toc-toc,*
> *Guia um jumentinho uma velhinha errante.*
> *Como vão ligeiros, ambos a reboque,*
> *Antes que anoiteça, toc-toc-toc,*
> *A velhinha atrás, o jumentinho adiante*
> (JUNQUEIRO, G. *Os simples*. Lisboa: [s.e.], 1924, p. 23 [Parceria Antônio Maria Pereira].

É fácil, com efeito, perceber que *toc*, do primeiro e quarto versos, rima com *reboque* (e, portanto, <c> equivale a <que>) e tem duas sílabas para fazer dos versos em que se acha hendecassílabos como os demais versos. Praxe oposta adota a métrica tradicional em referência à posição no interior do vocábulo onde faz abstração da vogal (reduzida na pronúncia culta). Mas na versificação brasileira há vários exemplos em contrário, como já observou Silveira (1937).

Voltamos assim à afirmação, que aqui se adiantou logo de início, a respeito do número limitado dos tipos de sílabas fechadas em português.

Na realidade, as consoantes que podem ser decrescentes em português e figurar no declive na sílaba, travando o silábico, são /l/, /r/ e /z/, a última das quais ocorre como [z] ou [ʒ] (sibilante ou chiante conforme o dialeto) diante de consoante sonora (ex.: *paz duvidosa* [ˈpaz.du.viˀdɔ.zɐ]; dialeto carioca [ˈpa⁽ʲ⁾ʒ.du.viˀdɔ.zɐ]), mas como [s] ou [ʃ] (também sibilante ou chiante conforme o dialeto) diante de consoante surda ou de pausa (*paz forçada* [ˈpas.forˀsa.dɐ]; dialeto carioca [ˈpa⁽ʲ⁾ʃ.fohˀsa.dɐ]; *afinal a paz!* [a.fiˀnaw.aˀpas]; dialeto carioca [a.fiˀnaw.aˀpaʲʃ]). Aqui, a ortografia segue o seu caminho, independentemente da realidade fonológica, na escolha das letras <z> ou <s>. Haja vista os homônimos *paz*, "antônimo de *guerra*", e *pás*, "plural de *pá*", que têm a mesma consoante pós-vocálica.

A razão por que dissemos que se trata da consoante /z/, que se realiza ora como [z] ou [ʒ], ora como [s] ou [ʃ], com o desaparecimento, ou **neutralização**, das oposições distintivas (tão importantes em posição pré-vocálica, como mostram os contrastes entre *assa* /asa/ e *acha* /aʃa/, *asa* /aza/ e *aja* /aʒa/), é que partimos de tal consoante quando ela fica diante de uma vogal, dentro de um grupo de força, e deixa de ser pós-vocálica (cf. *paz armada* ['pa.zar'.ma.dɐ]; dialeto carioca ['pa⁽ʲ⁾.zah'.ma.dɐ]). Concluímos que, se aí sempre aparece /z/ e não qualquer uma das outras três consoantes, é que /z/ é realmente o fonema, que muda obrigatoriamente para um dos outros quando fica pós-vocálico. Ou, noutros termos, é o **arquifonema sibilante**.

Em Camara Jr. (1967), aludiu-se à mudança do /l/ pós-vocálico (realizado em quase todos os dialetos como consoante velar) em [u] assilábico, ou [w], o que é muito comum no português do Brasil. Com essa articulação não há /l/ pós-vocálico e multiplicam-se os ditongos de semivogal [w], inclusive [ɔw], com [ɔ] aberto, saído de <ol>. Por exemplo, em *sol*, pronunciado ['sɔw]. O ditongo [ow],

---

Em *Estrutura da língua portuguesa*, Mattoso usa maiúsculas para representar esses arquifonemas – notação que se popularizou na linguística brasileira. Assim, a sibilante em final de sílaba é escrita, em transcrição fonológica, como /S/. Arquifonemas são elementos subespecificados, nos quais não se reconhecem justamente as propriedades dos sons responsáveis pelo contraste. No caso da sibilante, as informações de vozeamento e ponto de articulação deixam de ser fonologicamente relevantes.

Em *Estrutura da língua portuguesa*, o autor adota uma posição diferente ao postular três arquifonemas para a posição de coda silábica (declive): o vibrante, o sibilante e o nasal; naquela obra, somente a lateral não equivale a um arquifonema. É possível representar as codas silábicas da maneira como Mattoso faz aqui, com os segmentos contrastivos previamente especificados, e regras fonológicas convertendo-os em suas diversas realizações fonéticas possíveis. No caso da sibilante, como vemos, Mattoso opta por representá-la por /z/, pautado na ressilabificação: é essa a variante que aparece em processos de juntura, como em *as asas* ([a.'za. zas]; dialeto carioca ([a⁽ʲ⁾.'za.zaʲʃ]). No caso das vibrantes, a grafia deixa dúvida se a escolhida é a alveolar, já que <r> pode representar tanto o tepe quanto as diversas variantes da vibrante que Mattoso chama de "múltipla". Julgamos que o procedimento mais adequado seria escolher o tepe (/ɾ/), pelo mesmo motivo que /z/: é o som que aparece em junturas, por exemplo *mar alto* ['ma.'ɾaw.tʊ].

Hoje soa paradoxal a descrição de Mattoso aqui: reconhece que [w] "é muito comum no português do Brasil"; por outro lado, diz que /l/ pós-vocálico é "realizado em quase todos os dialetos como consoante velar". Pode ser que, à época (1969), essa tenha sido a situação ou que, por "quase todos os dialetos", tivesse em mente os dialetos portugueses. Nos dias de hoje, <l> pronunciado como consoante velarizada é exceção, e não regra, nos falares brasileiros, permanecendo apenas em algumas localidades do Sul.

com [o] fechado, desapareceu da pronúncia coloquial tanto em Portugal como no Brasil; assim já não existe, por exemplo, um contraste entre *poupa* e *popa*. Mas com a vocalização do /l/ pós-vocálico esse ditongo reaparece, por exemplo, em *polpa* dito [ˈpow.pɐ].

Chegamos assim à conclusão de que há quatro modalidades de sílaba travada em português: V/z/, V/r/, V/l/, que desaparece com a vocalização do /l/ para [w], e V[j,w] (ditongos decrescentes).

Pode-se acrescentar um quinto tipo, V/N/, com a interpretação da chamada "vogal nasal", em português, como sendo fonologicamente "vogal fechada por consoante nasal". A consoante é indiferenciada quanto ao ponto de articulação na boca. Segundo o contexto será: labial ([m]), dental ([n]), palatal ([ɲ]) e até velar ([ŋ]). Em outros termos, é um arquifonema dos fonemas nasais existentes em português, que deles só conserva o traço comum da nasalidade. Por isso, convém representá-lo em transcrição fonológica por /N/ em maiúscula, em face das consoantes nasais pré-vocálicas, bem diferenciadas, /m/, /n/ e /ɲ/.

É a probabilidade e a vantagem de tal interpretação que vamos agora apreciar rapidamente.

O único argumento contra ela, a rigor, é de que na "vogal nasal" portuguesa nós "sentimos" a vogal como nasal e "não sentimos" qualquer consoante nasal em seguida.

É um argumento de ordem psicológica e não de ordem estrutural. Ora, a linguística moderna, e dentro dela a fonêmica ou fonologia, evita essa espécie de fundamentação, que faz apelo ao "sentimento" do falante. Cabe aqui a advertência de Hjelmslev no sentido de que a língua é uma estrutura, de que os falantes podem ter uma compreensão inexata ou deficiente (cf. HJELMSLEV, 1935). O "sentimento" do falante é um estado de consciência em face da estrutura linguística, e não a realidade dessa estrutura em si mesma. Por isso, o estudo estrutural dos sons vocais, vistos como fonemas, cedo se desvinculou da conceituação de Baudouin de Courtenay, que definia o fonema, em termos psicológicos, como "a ideia de um som" (al. *Lautvorstellung*, "de acordo com a lista"), como explorado em Camara Jr. (1953).

À realidade da estrutura só se chega pela adequação entre si das explicações propostas para cada uma de suas partes e em face da observação objetiva.

No que se refere às "vogais nasais" portuguesas, a observação objetiva do foneticista depreende uma consoante nasal reduzida, depois da vogal e homorgânica com a consoante que se lhe segue já na outra sílaba. Assim, *campo* ou *lenda* não são enunciados exatamente ['kẽpʊ], ['lẽ.dɐ], mas sim ['kẽᵐpʊ], ['lẽⁿ.dɐ]. O fato foi observado desde cedo por Gonçalves Viana (1892) e se estende irretorquivelmente ao português do Brasil. Até diante de pausa, registra-se, pelo menos no português do Brasil, uma nasalidade consonântica travando a sílaba, como anotou Nobiling (1904) na fala de São Paulo. Por isso, diante de toda vogal nasal, diante de pausa, "sentimos" uma ditongação, que é mais nítida para final tônico (cf. *bem* ['bẽj] com [j] nasal, que para Nobiling é a rigor [ɲ]).

A nasalidade pura da vogal não existe, aliás, fonologicamente, porque por meio dela não se cria contraste distintivo com a vogal travada por consoante nasal. A situação em português, nesse particular, é diversa do francês, onde uma vogal puramente nasal como em /bõ/, escrito *bon*, opõe-se ao fechamento consonântico de /bon/, escrito *bonne*, na relação de masculino para feminino.

Em face de tudo isso, podemos ver em português a nasalação da vogal como o fato estrutural característico e considerar a emissão de uma rápida consoante nasal de travamento como o traço acompanhante. Mas também podemos, ao contrário, partir dessa consonantização como o fato básico na interpretação estrutural. Explicaremos então a nasalação da vogal como uma consequência obrigatória em português do travamento da sílaba por uma consoante nasal pós-vocálica. A possibilidade de essa consonantização não ocorrer em certos contextos (possibilidade que se deve negar em referência ao português do Brasil) não invalida a interpretação, porque diremos nesse caso que a nasalidade vocálica em tal contexto "equivale" a um travamento por consoante nasal.

A segunda interpretação é a melhor. Oferece melhor adequação com outros fatos referentes à vogal nasal portuguesa.

O primeiro argumento em seu favor é que uma sílaba com vogal nasal se comporta como sílaba fechada.

Prova-o a sua repugnância à crase, que não se verifica na língua falada. Em Portugal, onde é frequente a elisão de uma vogal átona final diante de vogal inicial seguinte (*grand'amor* etc.), não há elisão de vogal átona nasal nessas condições (*jovem amigo* não ficará *jov'amigo*). Daí, na versificação, evitar-se elisão, crase ou sinérese em seguida a vogal nasal; faz-se, por exemplo, a sinérese da preposição *com* e uma vogal seguinte por meio da desnasalação da vogal da preposição, o que se indica, tradicionalmente, na escrita pela grafia <co'> (supressão do <m> e aposição de apóstrofo).

Prova-o, mais ainda, a circunstância de não haver <r> brando /ɾ/ depois de vogal nasal. A alternativa entre <r> brando e <r> forte, com efeito, é privativa da posição intervocálica. Aí é que se criam contrastes como de *era:erra, caro:carro* etc. Não há essa alternativa em posição inicial ou depois de outra consoante, isto é, em seguimento a sílaba fechada. Só se tem então erre forte (*guelra, Israel*, como *rato*). Ora, o mesmo acontece depois de vogal nasal (cf. *tenro* etc.).

Por outro lado, não há em português vogal nasal em hiato. Ou a nasalação desaparece, como no fem. *boa*, de *bom*, ou aparece diante da segunda vogal uma consoante nasal, como no fem. *uma*, de *um*, ou em *nenhum*, saído de *nem* e *um*. Em outros termos, quando ocorreria o hiato, a consoante nasal de travamento se elimina ou se transpõe para a sílaba seguinte.

Finalmente, é importante assinalar que a chamada "vogal nasal" não é o único fato da emissão nasal de uma

> O que está em jogo aqui não é propriamente a estrutura de hiato, mas a manifestação ou o apagamento do arquifonema nasal /N/ nos processos flexionais ou derivacionais. Ambos os processos desfazem o possível hiato que se criaria – se existisse vogal nasal fonológica em português – na interação da fonologia com a morfologia.

vogal, em português. É muito frequente produzir-se uma emissão nasal para a vogal que precede uma consoante nasal na sílaba seguinte. Tal sucede no primeiro /a/ de *cama*, no /e/ de *gema*, no /i/ de *crime* e assim por diante.

Ora, essa nasalação vocálica, condicionada pela consoante da sílaba seguinte, não tem valor fonológico. Não há contraste distintivo entre ['kẽ.mɐ] e uma também possível enunciação ['ka.mɐ] sem a nasalação da vogal. Não confundir essa nasalação, possível para qualquer timbre, com a diferença entre [a] aberto e [ɐ] fechado (menos baixo e um pouco posterior) que, no português normal de Lisboa, imitado às vezes entre nós, cria uma oposição (limitada a esse único caso) entre tempo presente e tempo pretérito perfeito na 1ª pessoa plural dos verbos da conjugação 1 (-*amos: -ámos*).

Voltando à nasalação vocálica condicionada pela consoante da sílaba seguinte (isto é, de ['kẽ.mɐ], sem contraste com ['ka.mɐ]), tanto vale dizer que não é em si mesma um fato fonológico, ou fonêmico, em português. O que dá *status* fonológico à chamada vogal nasal em português (como em *minto* em contraste com *mito*, *junta* em contraste com *juta*, e assim por diante) deve ser, portanto, outro traço que não a mera nasalação da vogal.

Esse traço distintivo é a circunstância de se ter aí uma vogal travada por um elemento consonântico nasal (/N/), como há vogais travadas por /z/, /l/, /r/. A *vê*, por exemplo, se opõe *vem*, como *vês* e *ver*.

Há até oposição entre vogal nasal, porque fechada por consoante nasal, e vogal com emissão nasal, simplesmente, como acontece em *sem mana* e *semana* quando enunciado [sẽ.ˈmẽ.nɐ]. Diga-se de passagem que em *sem mana* temos a rigor uma consoante nasal geminada, porque a geminação consonântica, como vimos há pouco, é possível de um vocábulo a outro. É um caso análogo ao de *paz sólida* em oposição com *pá sólida*. A geminação consonântica, por outro lado, não é possível

> Na maioria dos dialetos brasileiros, é hoje praticamente impossível que as pronúncias de *semana* e *sem mana* se confundam, por conta da ditongação que a preposição *sem* requer em sua produção: [sẽj]. O mesmo se pode afirmar, para o dialeto carioca, em relação ao par *paz sólida* vs. *pá sólida*: a oposição entre as duas sequências se dá em termos da produção com ou sem ditongo (['paʲ(s).ˈsɔ.li.dɐ] vs. ['pa.ˈsɔ.li.dɐ], respectivamente), podendo ou não haver geminação na primeira sequência.

dentro de vocábulo, e assim se explica por que não há genuína vogal nasal diante de /m/, /n/ ou /ɲ/ na sílaba seguinte, apesar da nasalação fonética da vogal.

Eis por que em Camara Jr. (1968d), ao tratar d'"as vogais portuguesas", deixei de lado as "vogais nasais" e adiei a explicação para o estudo da sílaba, advertindo considerá-las "vogal mais elemento nasal" (cf. capítulo II).

Uma consequência desta interpretação é que o ditongo nasal também se passa a analisar como ditongo mais elemento nasal. Isto é: <ão>, <õe>, <ãe> e ainda o ditongo de *muito* (que se repete na pronúncia em ditongo de *ruim*, com [j] assilábico, em contraste com *rum*) decorrem, respectivamente, de /aw/, /oj/, /aj/ e /uj/ com o acréscimo do fechamento nasal. Não se confundem fonologicamente, portanto,

> Neste trecho, Mattoso se refere a formas como *cantarão, leões* e *mães*, cujos ditongos seriam representados por /awN/, /ojN/ e /ajN/, respectivamente; e o ditongo de *muito* e *ruim* seria, fonemicamente, /ujN/.

com a realização ditongada da vogal nasal diante de pausa, a que foi feita há pouco referência. Fonologicamente não existe um ditongo nasal [ẽj], citado frequentemente nas nossas gramáticas modernas, que querem exibir apuro fonético, por causa da pronúncia de *bem* e vocábulos congêneres. É que neste caso não há oposição distintiva com vogal nasal sem /j/ ditongado,

> Por exemplo, *romã* e *irmã* não são nunca ditongados. Do mesmo modo, formas como *tombo* e *bumbo* não são produzidas com [j].

como existe <ã>, sem /u/ e sem /i/, ou <om> e <um> sem /i/.

Restam algumas palavras finais sobre a delimitação das sílabas em português.

Essa delimitação, ou fronteira silábica, é muito nítida, de maneira geral.

É, entretanto, flutuante em três contextos de grupos de vogais em que entra, como primeira ou segunda vogal, uma vogal alta (/i/ ou /u/) átona: 1) /i/ ou /u/ precedido ou seguido de outra vogal átona (ex.: *vaidade, ansiedade*); 2) /i/ ou /u/ seguido de outra vogal, mas tônica (ex.: *suar, fiel, miolo*); 3) /i/ ou /u/ seguido de outra vogal átona em posição final (ex.: *glória, óleo* /ɔliu/, *fátuo*).

Portanto, para Mattoso, não há no português oposição distintiva do tipo ['glɔ.ɾi.ɐ] vs. ['glɔ.ɾjɐ]; ambas são possibilidades de /glɔɾia/. Pode-se deduzir como consequências teóricas dessa análise: 1) a silabação não seria parte da representação fonêmica básica dos vocábulos, mas resultado da aplicação de regras a uma sequência não estruturada de fonemas; 2) tais regras indeterminariam a segmentação em contextos em que /i/ e /u/ se avizinham de outras vogais; 3) a conversão dessas vogais nas semivogais [j] e [w] seria resultado da aplicação das regras de silabação; 4) portanto, as semivogais não corresponderiam a *fonemas* em português, mas realizações fonéticas de /i/ e /u/.

Do ponto de vista puramente fonético, pode-se depreender ora um ditongo, ora um hiato, em variação livre, sem qualquer oposição distintiva. A gramática normativa toma um dos tipos de enunciação como padrão, e fala em sinérese ou diérese, conforme o caso, quando o apuro do exame fonético, ou, no verso, a análise métrica, revela um tratamento diverso.

Do ponto de vista fonológico, porém, o que há na realidade é uma fronteira silábica variável e não significativa.

O vocábulo em português

Tradicionalmente, toda e qualquer descrição da língua portuguesa leva em conta a existência do **vocábulo**, e nisso se baseia. Há os dois termos, *grosso modo* equivalentes, **vocábulo** e **palavra**, cuja distribuição complementar de uso não está bem fixada. O melhor critério, para essa distribuição, parece ser o de atribuir a **vocábulo** uma significação geral e considerar **palavra** um tipo especial de vocábulo, de aplicação restrita aos nomes e verbos, em correspondência com a distinção do **léxico** de uma língua em face da sua **gramática**, como apreciaremos no próximo capítulo.

Nunca se cogitou, porém, de explicar e claramente definir em que consiste ele. O mau hábito das nossas gramáticas de partir, explícita ou implicitamente, da língua escrita (como apreciamos no primeiro capítulo) não as deixou tomar consciência dessa falha metodológica, porque na escrita se entende por **vocábulo** o conjunto de letras que fica entre dois espaços em branco. Como, entretanto, tal praxe não corresponde diretamente a uma realidade oral, a própria língua escrita se vê a braços com dificuldades, muitas vezes.

O grande problema, no âmbito da língua oral, é que por **vocábulo** se entendem duas entidades diferentes. De um lado, há o vocábulo **fonológico**, que corresponde a uma divisão espontânea na cadeia da emissão vocal. De outro lado, há o vocábulo **formal** ou **mórfico**, quando um segmento fônico se individualiza em função de um significado específico que lhe é atribuído na língua. Há certa correspondência entre as duas entidades, mas elas não coincidem sempre e rigorosamente.

Para os vocábulos fonológicos, seria um erro supor que eles se separam entre si por pausas na corrente da fala. Os espaços em branco, usuais na nossa língua escrita, não são indicações de interrupção de emissão de voz na língua oral. As pausas marcam uma divisão acima dos vocábulos, que é a dos **grupos de força**. Assim, entre um substantivo e o adjetivo que o qualifica (ex.: *campo aberto* ou *livro excelente* ou *grande homem*) não há qualquer pausa, embora haja dois vocábulos fonológicos. Há pausa entre qualquer dessas enunciações e um verbo, por exemplo, porque elas constituem um grupo de força e o verbo outro grupo.

Em português, o vocábulo fonológico depende da força de emissão das suas sílabas. Essa força é o que se chama **acento**. Tomamos o termo no sentido estrito de força expiratória. Outro critério é dar-lhe um sentido amplo, incluindo o **icto**, ou força expiratória (também se pode dizer **intensidade**), e o **tom**, ou altura da voz (também se pode dizer **entoação**).

Uma sílaba emitida com força excepcional pode ser precedida de outras, cujo número é muito variável, onde o acento é muito fraco. E pode ser seguida de mais uma ou mais duas (ou mais três, nos biesdrúxulos, apreciados no capítulo precedente), ainda de emissão mais débil.

Se chamarmos **tônica** a sílaba de força excepcional e a indicarmos na nossa descrição por um número convencional 3, as outras sílabas do vocábulo serão **átonas**, mas com debilidade diversa de emissão: as que vêm antes da tônica, ou sílabas **pretônicas**, têm uma força 1, enquanto as que seguem a sílaba tônica, ou sílabas **postônicas** e **átonas finais**, respectivamente, são 0 (zero) em sua força.

No grupo de força, só a sílaba tônica do último vocábulo fonológico mantém o acento máximo 3. A de cada um dos vocábulos precedentes fica com acento mais atenuado, que podemos indicar por 2; são **subtônicas**. Assim, temos uma delimitação vocabular em casos como (01) e outros:

(01) *grande brasileiro*
      2 0 1 1 3 0

     grandíssima cidade
     1 2 0 0 1 3 0

     bela flor
     2 0 3

     flor azul
     2 1 3

Ao contrário, em português os fonemas iniciais e finais dos vocábulos dentro de um grupo de força ficam mal-assinalados como tais.

Há ligação entre a consoante final de um vocábulo e a vogal inicial do vocábulo seguinte, de sorte que aquela perde a sua posição pós-vocálica na sílaba final do primeiro vocábulo para se tornar pré-vocálica na sílaba inicial do segundo; ex.: *mar alto* ['ma.ˈɾaw.tʊ], *paz amiga* ['pa.za.ˈmi.ɡɐ]. Da mesma maneira, a vogal final de um vocábulo sofre crase com a vogal inicial do vocábulo seguinte, se são um mesmo fonema, e, se são fonemas distintos, criam-se ditongações; ex.: *rosa amada* (['xɔ.zɐ.ˈma.dɐ]), *grande homem* (['gɾẽ^n.ˈdʒjõ.mẽj]).

Isso não quer dizer que não haja certas marcas de delimitação de vocábulos por meio do tratamento dos fonemas iniciais e finais em contato, mas são poucas e de ocorrência limitada.

É assim que a vogal final tônica não absorve a vogal inicial seguinte, quando é o mesmo fonema, como se vê em (02), a seguir.

(02) *má atenção* ['ma.a.tẽ^n.ˈsẽw̃]
                  2 1 1   3

Também, de um vocábulo a outro, mantêm-se os hiatos de /e/ tônico com /a/ ou /o, u/, desmanchados dentro do vocábulo pela intercalação de [j]; ex.: *veia azul* ['vej.ja.ʔzuw], mas *vê azul* ['ve.a.ʔzuw]. De um vocábulo a outro criam-se geminações de consoantes em contraste com a ausên-

> Utilizamos aqui, para *ar roxo*, a pronúncia carioca, que é onde aparecem as consoantes geminadas propriamente ditas. Em boa parte dos demais dialetos brasileiros, não teríamos geminação: ['aɾ.'xo.ʃʊ]).

cia de consoantes geminadas em interior de vocábulo; assim, se opõem pela delimitação vocabular *paz sólida* ['pa⁽ʲ⁾s.ʔsɔ.li.dɐ] e *pá sólida* ['pa.ʔsɔ.li.dɐ], ou *ar roxo* ['ax.ʔxo.ʃʊ] e *arrocho* [a.ʔxo.ʃʊ].

Mas essa indicação da fronteira de um vocábulo fonológico pelo comportamento do seu fonema final em face do inicial do vocábulo seguinte é de contextos restritos e são mais numerosos os tipos de contexto em que tal indicação não tem oportunidade de ocorrer.

A verdadeira marca da delimitação vocabular é a pauta prosódica, como a expusemos acima.

É assim, exclusivamente, a distribuição das tonicidades que torna um único vocábulo (03) ou dois vocábulos (04) enunciações como /abilidade/ e /selebridade/. Pode-se ter:

(03)　*habilidade*　　　　　*celebridade*
　　　　[a.bi.li.ʔda.dʒɪ]　　　[se.le.bri.ʔda.dʒɪ]
　　　　　1 1 1 3　0　　　　　1　1　1　3　0

ou então:

(04)　*hábil idade*　　　　　*célebre idade*
　　　　['a.biw.i.ʔda.dʒɪ]　　　['sɛ.le.bri.ʔda.dʒɪ]
　　　　　2　0 13　0　　　　　2　0　0　3　0

Entretanto, a língua escrita não tem em vista o vocábulo fonológico, e sim o vocábulo mórfico ou formal.

É por isso que separa por espaço em branco, como unidades distintas, as partículas átonas que têm a debilidade 1 e constituem unidade fonológica com o vocábulo seguinte, como em (05), embora, quando a ligação é com o vocábulo mórfico precedente, use um traço de união em vez do espaço inteiramente em branco (06):

(05) *o livro*   *se fala*
      [ʊˈli.vɾʊ]   [sɪˈfa.lɐ]
       1 3 0   1 3 0

(06) *fala-se*
      [ˈfa.la.sɪ]
       3 0 0

Como mostra a pauta acentual, as partículas átonas, ditas **proclíticas** ou **enclíticas**, conforme se ligam ao vocábulo seguinte ou ao precedente, constituem um vocábulo fonológico único com esse outro, mas apesar disso dele se separam na escrita. As pessoas mal-alfabetizadas de hoje e os copistas medievais, escrevendo *olivro, sefala, falasse*, sem espaço em branco, estão adotando um critério fonológico, que não é autorizado pelas convenções atualmente vigentes da ortografia portuguesa. Este último erro, muito comum em ditado na escola, é às vezes falsamente interpretado pelos professores como "uma confusão com o pretérito do subjuntivo". Basta mandar a criança ler o que escreveu para se verificar que o duplo <ss> é para indicar som surdo.

Mattoso quer dizer que o duplo <ss> serve *apenas* para indicar som surdo – e não para assinalar alguma suposta confusão com a forma de pretérito subjuntivo *falasse*, já que a pauta acentual desta última seria obviamente diferente: *falasse* [faˈla.sɪ]
1 3 0

Por que, entretanto, essas partículas proclíticas e enclíticas, em português, são vocábulos formais?

O critério para definir a unidade vocabular mórfica foi basicamente estabelecido pelo linguista norte-americano Leonard Bloomfield (1933). Segundo ele, as unidades formais de uma língua são de duas espécies: **formas**

livres (quando constituem uma sequência que pode funcionar isoladamente como comunicação suficiente) e formas **presas** (que só funcionam ligadas a outras). O **vocábulo formal** é a unidade a que se chega quando não é possível nova divisão em duas ou mais formas livres. Constará, portanto, de uma forma livre indivisível (ex.: *luz*), de duas ou mais formas presas (ex.: *im-pre-vis-ível*) ou de uma forma livre e uma ou mais formas presas (ex.: *in-feliz*).

Esse critério abrange as partículas proclíticas e enclíticas em português, se introduzirmos nele um terceiro conceito: o de forma **dependente** (CAMARA JR., 1967).

Conceitua-se assim uma forma que não é livre, porque não pode funcionar isoladamente como comunicação suficiente; mas também não é presa, porque é suscetível de duas possibilidades para se disjungir da forma livre a que se acha ligada. De um lado, entre ela e essa forma livre podem-se intercalar duas ou mais formas livres *ad libitum* (opcionais): em vez de *o livro*, se dirá *o grande livro*, *o excelente e magnífico livro*, e assim por diante. Por outro lado, quando tal não é permissível, resta a alternativa de ela mudar de posição em referência à forma livre a que está ligada, o que não ocorre absolutamente com uma forma presa: ao lado de *se fala* há também a construção *fala-se* etc.

São por isso vocábulos mórficos, porque são formas dependentes, as partículas proclíticas, como o artigo, as preposições, a partícula *que* e outras mais. São-no igualmente as variações pronominais átonas, junto ao verbo, em vista de poderem ficar com ele em próclise ou em ênclise.

A falta de coincidência absoluta entre o vocábulo fonológico e o vocábulo formal aparece, em português, com essas partículas átonas, que são formas dependentes e, pois, vocábulos mórficos, mas não constituem de *per si* vocábulos fonológicos. Ao contrário criam um único vocábulo fonológico com a forma livre que se lhes segue ou as precede.

Por outro lado, no chamado vocábulo **composto por justaposição** temos a ocorrência oposta. Dois vocábulos fonológicos passam a constituir um só vocábulo formal. Assim, *guarda-chuva* tem a mesma pauta acentual que *grande chuva*:

(07)   [ˈgwaɾ.dɐˈ.ʃu.vɐ],   [ˈgɾẽⁿ.dʒɪˈ.ʃu.vɐ]
         2   0   3 0   2   0   3 0

> Mais adiante, Mattoso reconhece que nem sempre a composição por justaposição resultará em um só vocábulo formal: o primeiro vocábulo fonológico pode manter sua autonomia flexional, como em *pé de moleque* (pl. *pés de moleque*) ou *obra-prima* (pl. *obras-primas*). Nesse caso, tem-se uma "palavra" composta – no sentido de "unidade lexical" – em que os vocábulos componentes não apenas mantêm independência fonológica, mas também morfológica – são vocábulos formais diferentes. Tecnicamente, *pé de moleque* e *obra-prima* são locuções para Mattoso.

Na língua escrita cabe ao hífen, ou traço de união, assinalar essa circunstância. Com ele a nossa ortografia procura um compromisso entre o critério mórfico, que primordialmente a orienta na separação dos vocábulos (cada vocábulo formal de *per si*), e o critério fonológico.

Assim, em *fala-se* juntam-se pelo hífen a forma livre (*fala*) e a forma dependente (*se*), que fonologicamente constituem um único vocábulo. Da mesma sorte, em *guarda-chuva* não se escrevem em continuidade as duas unidades fonológicas (*guarda* e *chuva*) que constituem um único vocábulo mórfico, mas antes se lhes interpõe o hífen.

Apenas cabe ressalvar que o emprego desse sinal gráfico é incoerente e confuso. Muitas vezes é omitido, deixando espaço inteiramente em branco, como com todas as partículas proclíticas e mesmo em casos de justaposição. Outras vezes juntam-se os elementos fonologicamente distintos. As convenções da língua escrita, a esse respeito, como a muitos outros respeitos, não são firmes em face da realidade linguística que dimana da língua oral.

Ao lado do conceito de justaposição, que é um vocábulo formal constituído de dois vocábulos fonológicos, temos o conceito de **locução**, para o que, a rigor, são dois vocábulos formais.

A **justaposição** é frequentemente também uma locução. Os dois conceitos coincidem, por exemplo, em substantivos compostos por justaposição, como *guarda-chuva*, *rosa-chá* etc. Também coincidem nos advérbios formados de um adjetivo com o elemento *-mente* sufixado, como *amavelmente*, *simplesmente* etc., em que *-mente* deve ser interpretado como a mesma forma livre *mente*, mas no sentido vago de "maneira" proveniente de atitude mental. Coincidem finalmente nos chamados **tempos compostos** dos nossos verbos, como *tenho estudado, tinha perdido* etc.

Mas a locução vai além do que se considera justaposição, porque a justaposição está no âmbito fonológico posto em relação com o mórfico, ao passo que a locução se refere exclusivamente ao plano mórfico. Em outros termos, a locução é o uso sistemático como unidade formal de dois vocábulos mórficos. Há assim locução pela associação de uma forma livre com uma forma presa (*fala-se* ou *se fala, de repente, às vezes*), em que não há dois vocábulos fonológicos em justaposição, mas um só vocábulo fonológico. Há ainda locução decorrente da associação de duas formas livres ligadas por uma forma dependente, como em *chapéu de sol, estrada de ferro, tenho de sair*.

Por falta de uma definição adequada para **vocábulo** e da confusão, a seu respeito, entre plano mórfico e plano fonológico, há na nossa tradição gramatical uma teoria dos vocábulos compostos que é inteiramente falsa.

Costuma-se considerá-los em três classes, caracterizadas respectivamente pela justaposição, aglutinação e prefixação.

Ora, a aglutinação é um conceito meramente fonológico e diacrônico. Define-se a passagem de dois vocábulos fonológicos a um único. Não é um tipo de vocábulo composto. É a perda de uma justaposição na história da língua. Todos os vocábulos constituídos de formas presas ou de uma forma livre combinada com formas presas podem representar aglutinação.

A prefixação, por sua vez, é um processo para criar novos vocábulos formais. Devemos considerá-lo uma composição, é certo, porque os prefixos são elementos vocabulares com valor significativo de preposições, embora vários deles não se usem como preposições e outros sejam alomorfes de preposições (cf. *ex-*, de um lado, e, de outro lado, *in-* em face de *em*, ou *super* em face de *sobre*,

Cabem aqui dois comentários. Um primeiro diz respeito ao termo alomorfe, que aparece aqui pela primeira vez. **Alomorfe** é uma realização alternante de um mesmo morfema (instância de significado). A noção será amplamente discutida no próximo capítulo.

O segundo comentário diz respeito à interpretação de prefixos como unidades da composição. Essa proposta polêmica obviamente contraria as gramáticas e não encontrou muito eco nos manuais de morfologia do português (cf., por exemplo, LAROCA, 1994; KEHDI, 1989; SANDMANN, 1988, entre outros). Talvez seja essa uma das poucas propostas de Mattoso Camara que não encontraram rápida adesão.

que diferem da situação de *com, de, em,* que funcionam tanto como prefixos quanto como preposições). Nisso diferem dos sufixos, que são formas presas sem valor significativo específico.

Situada, porém, exclusivamente no plano mórfico, é de outra natureza gramatical que a justaposição, que parte do conceito de vocábulo fonológico. Por isso, a prefixação pode resultar num só vocábulo fonológico ou numa justaposição. Neste último caso, o prefixo é um vocábulo fonológico de *per si*. Há, por exemplo, acento de força 2 (subtônico) em compostos por prefixação como *pré-histórico, intercontinental*. Às vezes, até, há oposição significativa entre o composto em que o prefixo está aglutinado e outro formalmente idêntico, em que o prefixo está justaposto, com acentuação própria. Podemos exemplificá-lo com os contrastes abaixo:

(08) *exposição* : *ex-posição*
    [es.po.zi.ˈsẽw̃]   [ˈes.po.zi.ˈsẽw̃]
    1 1 1 3   2 1 1 3

(09) *preconceito* : *pré-conceito*
    [pɾe.kõⁿ.ˈsej.tʊ]   [ˈpɾɛ.kõⁿ.ˈsej.tʊ]
    1 1 3 0   2 1 3 0

(10) *extraordinário* : *extra-ordinário*
    [es.tɾa.oɾ.dʒi.ˈna.ɾjʊ]   [ˈɛs.tɾɐ.oɾ.dʒi.ˈna.ɾjʊ]
    1 1 1 1 3 0   2 0 1 1 3 0

> Observe, nos exemplos em (09) e (10), que abertura da vogal média, [ɛ], sinaliza um grau de acento quando há dois vocábulos fonológicos justapostos. Nos aglutinados essa vogal é sempre fechada ([e]) em virtude da neutralização entre médias altas e médias baixas em contexto pretônico no domínio de um único vocábulo fonológico.

Em face da justaposição, que é um conceito decorrente do plano fonológico, a locução, um conceito puramente mórfico, tem a sua pedra de toque na possibilidade da variação flexional do seu primeiro elemento, quando ele é suscetível de flexão e a flexão se impõe no contexto locucional em que o elemento se acha. A ocorrência de variação flexional no primeiro elemento da locução logo a distingue, com efeito, de um vocábulo formal unitário, porque em português o vocábulo formal só pode ter variação flexional na sua parte final.

Essa variação flexional é de plural nas locuções nominais (cf. *rosas-chás, chapéus de sol* etc.). É de feminino nas locuções adverbiais terminadas por *mente*), onde o adjetivo concorda em gênero com a forma *mente* justaposta (cf. *belamente* etc.). É finalmente de pessoa gramatical e tempo verbal nas locuções verbais, em que o primeiro elemento, dito verbo auxiliar, é que dá essas indicações para a locução em seu conjunto (*tenho estudado, iam sair* etc.).

VI

A análise do vocábulo mórfico

Já vimos como o vocábulo fonológico está longe de ser uma entidade linguística elementar. Ele se constrói de sílabas, que por sua vez se decompõem em fonemas. A sua análise foi feita muito cedo, para as línguas da civilização antiga, quando ao lado da realidade oral se desenvolveu a escrita. A grafia silábica, criada na base da representação da sílaba, como inicialmente nas antigas línguas semíticas e indo-europeias, já partia de uma decomposição do vocábulo fonológico em unidades fonológicas mais simples. Outro critério – mórfico, e não fonológico – foi o que estabeleceu a escrita chinesa, onde o símbolo gráfico se reporta em princípio ao vocábulo mórfico ou ao seu núcleo significativo. No antigo Egito, o hieróglifo também teve esse caráter, mas acabou por evoluir para uma indicação de sílaba. A decomposição chegou afinal à unidade elementar última com a grafia alfabética, firmada no grego, quando cada símbolo gráfico passou a corresponder, *grosso modo*, a um fonema.

Em relação ao vocábulo mórfico, que também não é, evidentemente, uma unidade linguística elementar, a análise não foi assim fácil e espontânea.

A gramática greco-latina, em que se nutre ainda hoje a técnica gramatical corrente, não resolveu com nitidez e rigor o problema da decomposição mórfica do vocábulo, embora percebesse o processo da flexão casual, na declinação do nome, e o da criação de um vocábulo a partir de outro vocábulo mais simples. Varrão, por exemplo, levou em conta um e outro nos seus conceitos de *derivatio naturalis*, referente ao que hoje chamamos **flexão**, e *derivatio voluntaria*, que corresponde à nossa **derivação** propriamente dita. Analogamente, Dionísio da Trácia tinha considerado a flexão no seu conceito de *ptosis* ("caso") e a derivação como *eidos* (ou "tipo") vocabular secundário. Só, entretanto, para os vocábulos compostos, isto é, formados da reunião de dois outros vocábulos – inclusive prefixos, que, pela sua origem como pré-verbos e pela sua associação com as preposições, foram logo facilmente destacáveis – é que se sabiam destacar com certa segurança as partes constituintes.

Nos termos de Robins (1967), a gramática tradicional tem sido essencialmente *a word based grammar* (uma gramática baseada na palavra).

Foi a descoberta, no século XIX, dos velhos tratados gramaticais do sânscrito que trouxe para os estudos linguísticos ocidentais o conhecimento e a prática de uma rigorosa análise do vocábulo mórfico. O *vyakarana*, isto é, "ato de desfazer" ou "análise", era a base da teoria gramatical hindu e era até o termo correspondente ao conceito de **gramática** em grego.

A linguística ocidental do século XIX, entretanto, estava historicamente orientada, e só compreendia a análise das formas linguísticas como uma interpretação da história interna delas. Por isso, colocou a noção e a prática da análise, aprendida nos tratados do sânscrito, dentro de uma perspectiva de desenvolvimento histórico das formas, embora não fosse este, em absoluto, o sentido da técnica hindu, que era rigorosamente sincrônica, para usarmos o termo posterior de Saussure.

É assim que as nossas gramáticas tradicionais não aplicam uma análise precisa, cabal e sistemática ao vocábulo mórfico.

A análise só se realiza na gramática histórica, ou como estudo diacrônico, na terminologia de Saussure. Aí, porém, tem outra finalidade e chega a outras conclusões. No constante *devenir* (transformar-se) das formas linguísticas, os constituintes elementares se ampliam, se reduzem, se multiplicam ou desaparecem, de sorte que cada forma, em cada fase da língua, tem uma fisionomia constitutiva nova. A análise histórica evoca muitas vezes sombras do Averno, que não mais habitam o corpo vocabular.

O objetivo da análise descritiva, ou sincrônica, do vocábulo mórfico é descrever-lhe a engrenagem atualmente operante, depreendendo os elementos constituintes de acordo com uma significação e função elementar que lhes é atribuída dentro da significação da função total do vocábulo.

Assim, em português, por exemplo, se destaca *com-*, de *comer*, em contraste com *beb-*, de *beber*; ou se obtém *cant-*, de *cantar*, face a *fal-*, de *falar*, ou *grit-*, de *gritar*. No primeiro exemplo, cada qual dos dois segmentos indica uma dada atividade de alimentação (ingerir um alimento sólido ou ingerir um líquido), como, no segundo exemplo, se afirma em cada um dos três segmentos dos três verbos considerados um diferente uso da voz. Analogamente se tem *-migo*, para *comigo*, em equivalência com a forma *mim* – em *de mim, para mim, por mim* etc.

O princípio básico da análise mórfica é a **comutação**. Este termo, lançado por Hjelmslev, designa uma operação contrastiva por meio de permuta de elementos. É também pela comutação que se chega ao fonema no plano fonológico, como em *pote-bote-mote* etc.

Nos exemplos acima aduzidos, fizemos comutação entre *com-* e *beb-*, para *comer* e *beber*; de *cant-, fal-* e *grit-*, para *cantar, falar* e *gritar*; de *-migo* e *mim* entre *comigo*, de um lado, e, de outro lado, *de mim, para mim, por mim*.

Princípios auxiliares, e muito importantes, são o da **alomorfia** e o da **mudança morfofonêmica**.

Por alomorfia entende-se a possibilidade de diferenças para o corpo fonológico de cada unidade mórfica elementar. Esta **forma mínima**, ou **morfema** *lato sensu*, não está obrigatoriamente ligada a uma substância fônica

Para Martinet, **monema** é a unidade significativa mínima, elementar, da **primeira articulação**, um dos dois níveis da **dupla articulação** da linguagem humana. (A primeira articulação diz respeito às unidades dotadas de significante e significado; a **segunda articulação**, às unidades distintivas dos significantes, mas não dotadas de significado – os fonemas.) Podem ser monemas **palavras** simples, raízes (**lexemas**) e afixos (**morfemas**). Note-se que, para Martinet, **morfema** acolhe apenas formas presas que não portam significados lexicais. Ele propõe como tipos básicos de **monemas**: (a) **gramaticais**, ou **morfemas**: os que alteram o significado de raízes e palavras, determinando suas possibilidades sintagmáticas; as menores unidades linguísticas com significado gramatical; incluem formas presas (afixos) e formas livres (vocábulos gramaticais como preposições e conjunções). (b) **lexicais**, ou **lexemas**: os que pertencem às classes abertas (substantivos, verbos, adjetivos); são dotados de "significado externo", extralinguístico (denota ser, ação, qualidade etc.).

imutável. Em muitos autores, morfema é termo reservado para um tipo de forma mínima, de ordem gramatical, como veremos mais tarde. Por isso, Martinet (1960, p. 117) adotou recentemente, no sentido geral de qualquer forma mínima, o termo **monema**.

Assim, *-migo* e *mim* são alomorfes, ou variações mórficas, de uma forma única ou morfema, que corresponde à significação de 1ª pessoa gramatical num contexto específico sintático (sob regência de uma preposição). Da mesma sorte, *cant-* tem um alomorfe *can-* em *canoro*, onde por sua vez *-oro* se destaca pela comutação com *sonoro*.

Na verdade, o exemplo de *canoro* não é dos mais felizes. O sufixo *-oro* não é produtivo em português e ocorre num número bem reduzido de palavras, ainda que a relação entre *som* e *sonoro* talvez permaneça identificável. Mas é bem provável que um falante comum não consiga fazer a associação entre *cantar* e *canoro*: não só *canoro* é pouco usual na língua corrente, como possui o radical alomórfico *can-*, que pode não ser imediatamente identificável com *cant-*.

É que o valor linguístico não está necessariamente associado a um único segmento fônico. Na língua "tudo é relação", como sabemos desde Saussure. Segmentos fônicos diversos podem ser uma mesma forma linguística, se correspondem todos a um mesmo valor significativo ou funcional, ou um e outro, dentro da língua: *cant-* e *can-* têm a mesma significação em *cantar* e *canoro*, respectivamente; *-migo* e *mim* têm a mesma função de indicar a 1ª pessoa gramatical sob regência de preposição.

É esse mesmo caráter relacional dos valores linguísticos que está na base do conceito de **fonema**, como já vimos. Realizações fonéticas diversas, ditas variantes ou **alofones**, se afirmam como um fonema único. Assim, em português, a consoante vibrante forte (de *rato*, *erro* ou *tenro*) pode ter articulação linguodental "rolada", ou linguovelar, ou ser uma vibração uvular, ou mera fricção faríngea.

> Talvez por "articulação rolada" o autor esteja se referindo ao <r> retroflexo, como pronunciado em *car* ("carro"), do inglês, também comum em variedades do português faladas em estados como Goiás e São Paulo. O símbolo fonético da vibrante retroflexa é [ɻ].

A grande dificuldade, que a técnica da gramática tradicional nunca soube resolver, é a da delimitação rigorosa e exata de cada forma mínima, na análise da forma vocabular.

No contínuo fonológico do vocábulo é preciso fazer um "corte" para depreender os constituintes elementares. Por exemplo: corte entre /m/ e /e/ em /komer/, entre /t/ e /a/ em /kaNtar/, ou entre /o/ e /m/ em /komigu/.

> Lembramos que o arquifonema nasal /N/ é o único utilizado por Mattoso nesta obra. Mas também poderíamos usar nessas transcrições fonêmicas arquifonemas para a média postônica (/U/) e para a vibrante final (/R/). Tal visão é amplamente explorada em *Estrutura da língua portuguesa*.

Nestes exemplos a delimitação decorre da comutação, sem maior percalço. Há situações, porém, em que o problema já não é de tão simples solução, haja vista o sufixo agentivo que aparece em português nos vocábulos *consolador, professor, cantor*.

Se partirmos do critério de que esses vocábulos são, do ponto de vista sincrônico, derivações de um dado verbo para expressar o agente da atividade que o verbo especifica, encontramos as variantes *-dor* e *-or* pela comutação entre *consolar:consolador, professar:professor, cantar:-cantor*. Em referência a *ator*, não obstante, complica-se a análise pela dificuldade de comutação com o verbo correspondente *agir*. No verbo temos a forma mínima *ag-*, em comutação, por exemplo, com *sum-*, de *sumir*, *part-*, de *partir*, e assim por diante. Mas o que corresponde a *ag-* em *ator*?

Se aceitarmos que em *ator* o alomorfe de *ag-* é *at-*, teremos para o sufixo agentivo a mesma variante *-or* de *professor* e *cantor*.

Mas o corte é ambíguo, porque também se poderia relacionar *ag-* com *a-* simplesmente, de *ator*. Tal decisão nos daria um terceiro alomorfe *-tor* para o sufixo agentivo.

Na análise diacrônica é esta última a solução correta. Sabemos, com efeito, que *ator* é uma simplificação da forma *actor* /aktor/, em que /k/ corresponde a /g/ do latim *agere* /agere/ noutro contexto fonológico (diante de uma consoante surda).

Já no plano sincrônico convém afastá-la em vista da existência de *ato*, que, em termos sincrônicos, é um nome verbal sem sufixo de derivação, como *canto, consolo* etc. Nestes está agregada uma vogal final -*o* /u/ aos constituintes já conhecidos *cant*- e *consol*-, de *cantar* e *consolar*, respectivamente. Em *ato* a analogia nos faz depreender um constituinte *at*-, que vai se repetir em *ator*.

Consideremos agora o princípio que chamamos da **mudança morfofonêmica**.

É um conceito gramatical que os hindus já tinham utilizado com o nome de **sândi** (isto é, *sandhi* "colocação", de *sam*- "reunião" e -*dha* "pôr"). Eles distinguiam o sândi **externo**, adaptação da parte final de um vocábulo à inicial do seguinte, dentro de um grupo de força (o que hoje também se tem chamado de **fonética sintática**), e o sândi **interno**, na combinação dos morfemas dentro de um vocábulo.

Resulta o sândi interno da constatação de que, com a aglutinação dos constituintes elementares num vocábulo mórfico, podem ocorrer mudanças de fonemas nas partes finais e iniciais dos constituintes em sequência. Trata-se, pois, de um fenômeno fonológico, que assenta no processo geral das assimilações e adaptações articulatórias na enunciação do vocábulo. É uma mudança morfofonêmica porque, operando-se entre fonemas, vai afetar o plano mórfico da língua.

É, por exemplo, consequência de uma mudança morfofonêmica a presença de /k/, surdo, em vez de /g/, sonoro, em vocábulos latinos como *actus* e *actor*, constituídos com o mesmo elemento *ag*- de *agere*. É morfofonêmica a redução de *in*- a *i*- diante de consoante nasal da sílaba seguinte. É igualmente morfofonêmica a presença de uma semivogal na flexão de *móis* ou *cais*, de *moer* e

As formas *móis* e *cais*, dos verbos *moer* e *cair*, são **formas irregulares** – precisamente em relação à *regularidade* das formas *bebes* e *partes*, de *beber* e *partir*. Com verbos da 2ª e da 3ª conjugações, a terminação apropriada para a 2ª pessoa do singular deveria ser -*es*: -*e*- é vogal temática (comum à 2ª e 3ª conjugações nessa forma verbal); e -*s* é a desinência de 2ª pessoa do singular (para esses e outros detalhes da análise mórfica das formas *cair*, em face de *bebes* e *partes*, de *beber* e *partir*. E assim por diante.

A mudança morfofonêmica é fonte constante de alomorfia. Determina variantes mórficas fonologicamente condicionadas. Tais são *i-*, em vez de *in-*, ou a semivogal de *móis* e *cais*, citadas acima. Temo-las ainda em inúmeras outras ocorrências. É por mudança morfofo-

verbais, cf. o capítulo X). Portanto, se seguissem a conjugação regular, *móis* e *cais* deveriam ser *moes* e *caes*. O que Mattoso está apontando é que a ortografia oficial reconhece, ao grafar tais formas como *móis* e *cais*, que a vogal temática *-e-* deve ser pronunciada como um <i> nessas formas – porque o encontro vocálico é necessariamente resolvido por ditongo, em que <i> é a representação gráfica da semivogal [j]. Mattoso propõe (cf. capítulo VIII) análise semelhante para o <i> que aparece na flexão de plural de nomes como *lençol* (pl. *lençóis*): seria a mesma vogal temática nominal *-e-* que aparece no plural de *rapaz* (pl. *rapazes*).

nêmica que aparece *passeio* ao lado de *passear*, ou um constituinte [vu] em *voar* [vu.ˈaɾ], ao lado de [vo] em *voo* [ˈvo.u]. Quantas irregularidades verbais não se explicam singelamente, em termos sincrônicos, por uma mudança morfofonêmica! Basta levá-la em conta para se suprimir a irregularidade dentro de um quadro geral regular, como veremos de espaço nos próximos capítulos.

É tempo de concluir.

Antes de o fazer, porém, convém insistir que a análise mórfica está inelutavelmente ligada aos valores significativos e funcionais.

Se *-t-*, de *cantar*, *canto* e *cantor*, não é em português uma unidade elementar de *per si*, dentro dos vocábulos em que se acha, é que não lhe cabe em português nesses vocábulos uma significação ou uma função específica. Era, ao contrário, o início de um sufixo de particípio no latim *cantus*, ao lado de *canere*, e em *cantor* assinalava que a derivação partia da forma participial e não diretamente do verbo. Se em *comer* a análise correta é *com-* e *-er*, e não *com-*, prefixo, e *-e-*, raiz, craseada com a terminação *-er*, pelo modelo do latim *comedere* (*com-ed-ere*), é porque seria absurdo, do ponto de vista significativo, atribuir ainda a *com-* em português o valor do prefixo *com-* indicativo de "reunião".

Por isso não tem sentido falar-se num **infixo** *-z-* em vocábulos como *florzinha* e *cafezal*. Nenhum valor gramatical se poderia atribuir a esse suposto elemento, que não altera a significação diminutiva do sufixo *-inho* ou a significação coletiva do sufixo -al. O contraste entre *florzinha* e *florinha* ou entre *cafezal* e *laranjal* só justifica estabelecer os pares de alomorfes -*zinho*:-*inho*, -*zal*:-*al*. O **interfixo**, na recente terminologia de Malkiel (1958, p. 125), para designar vestígios de sufixos antigos nos derivados atuais da língua, em que um segundo sufixo se acrescentou, é um conceito essencialmente diacrônico: "*el segmento, siempre átono y falto de significado propio, entre el radical y el sufixo de ciertos derivados*" ("o segmento, sempre átono e vazio de significado próprio, entre o radical e o sufixo de certos derivados"). Na descrição sincrônica o corte tem de se fazer aquém ou além do chamado **interfixo**, que está sincronicamente integrado na unidade elementar precedente ou seguinte. Assim, sincronicamente, em *fumarada* não há um interfixo -*ar*- mas simplesmente um sufixo -*arada* como alomorfe de -*ada* (cf. a equivalência de *chuvarada* e *chuvada*).

É preciso, não obstante, fugir da ideia de que deve haver uma correspondência rigorosa entre cada constituinte e uma significação elementar bem determinada. Na linguagem a significação é, por natureza e em princípio, fluida e fugidia, e é até esse aspecto que, como tão bem acentua Wilbur Urban, dá à significação linguística a necessária elasticidade para poder traduzir as mais variadas e cambiantes situações concretas (URBAN, 1951, p. 192).

O prefixo *im*- pode apresentar realização oral ([i]), perdendo a nasalidade, quando a base se inicia por soante (nasal ou líquida), a exemplo de *imigrar*. Temos aqui, portanto, mais um exemplo de alomorfia.

Não há, portanto, motivo de perplexidade se em *impor* o prefixo *in*- não tem a nítida indicação de "movimento para dentro", que apresenta em *induzir* e *imigrar*. Não há nada de estranho que em *repor*, *reagir* e *reter* o mesmo prefixo varie na sua fluidez significativa.

Nem a significação total do vocábulo é necessariamente – ou, antes, só é muito raramente – a soma exata das significações dos seus constituintes.

Neste ponto, Mattoso – como os demais estruturalistas – parece não dispor dos instrumentos conceituais necessários para distinguir entre formações morfológicas antigas e formações morfológicas recentes. É por

Como adverte Friedrich Kainz, na linguagem o todo é mais do que a mera soma das suas partes. Do todo resulta uma significação geral, que não se decompõe nas significações particulares dos seus constituintes (KAINZ, 1941). Ela tem qualquer coisa de próprio e indecomponível, como a cor solar que resulta da combinação das cores elementares do espectro.

isso que ele precisa assumir que "a significação do todo *não* é a soma exata das partes" – isto é, ele precisa de alguma margem de manobra para lidar com as irregularidades de forma e de significação de certas palavras derivadas *versus* a completa regularidade de outras formações. Evidentemente, as irregulares são formações antigas que permaneceram no léxico; formações recentes normalmente são totalmente regulares em forma e significado. Cf., quanto a isso, Basilio (2005) e Rocha (1998).

Tomemos, por exemplo, os pares de substantivos de qualidade, em português, *justiça* e *justeza*, e *altura* e *altitude*. São derivados respectivamente dos adjetivos *justo* e *alto* por meio de sufixos diversos, mas que não trazem à significação total uma contribuição suplementar de significação, pois apenas servem para indicar a natureza substantiva do novo vocábulo em face do adjetivo primitivo. Não obstante, *justiça* e *justeza* são significativamente distintos, da mesma sorte que *altura* e *altitude*. "A justeza de um argumento" é algo de muito diverso que "a justiça de uma sentença". A "altura" de um homem de 1,90m é outra informação que a "altitude" em que ele se acha ao escalar uma montanha.

Por outro lado, são muitas vezes as significações parciais dos constituintes que decorrem da significação do vocábulo, da mesma sorte que esta significação depende estreitamente da significação da frase em que ele se acha.

Assim é que se afirmam as significações distintas de tantas formas mínimas homônimas, repetindo-se o processo de caracterização dos vocábulos homônimos em função das frases em que aparecem. Por isso, *-s* /z/ em português é morfema da 2ª pessoa gramatical em *cantas* ou *cantavas*, mas significa plural no substantivo

O autor parece estar pensando em **homomorfia**: formas morfologicamente idênticas a serviço de morfemas distintos. Seriam casos semelhantes ao de *-a*, que pode ser o morfema de gênero feminino (*perua*), mas também o do presente do subjuntivo (*entenda, consiga*); logo abaixo, ele menciona o exemplo do *-s* de plural nos nomes, e de 2ª pessoa do singular nos verbos. Pode-se imaginar também que a noção relevante seja a de **polissemia**: *altura* e *altitude* derivam de um mesmo adjetivo *alto*, mas este possui duas com acepções diferentes, ainda que associadas.

cantos. Da mesma sorte, *laranjal* tem um sufixo de indicação de "coletivo", enquanto *-al* em *mortal* apenas é a marca de um adjetivo derivado do substantivo *morte*. E que dizer de *pat-*, com significações completamente distintas em *patinho, patada, patente, patíbulo* e *simpatia*?

Constituintes do vocábulo mórfico, flexão e derivação

A estrutura do vocábulo mórfico, como combinação de segmentos elementares, que são os seus constituintes, é um fator de economia nas formas da língua.

A significação de um dado vocábulo fica decomposta em significações mínimas, que Sapir (1921, p. 25) muito bem caracterizou como *bits of experience* (parcelas de experiência). Elas se repetem amplamente nas experiências mais globais que correspondem a outros vocábulos. Assim se obtém uma multiplicação de formas vocabulares por um jogo praticamente irrestrito de combinações entre as formas mínimas existentes. Em *cantávamos, cantei, cantor, canção, canoro* repete-se o segmento *cant-*, ou seu alomorfe *can-*. E as outras formas mínimas que figuram nesses cinco vocábulos vão-se encontrar frequentemente alhures: *falávamos, gritávamos, andávamos*; ou *falei, gritei, andei*; ou ainda *professor, falador*; ou analogamente *dicção, falação, consolação*; ou finalmente *sonoro*, e assim por diante.

Há o que podemos chamar uma classificação hierárquica e um conjunto de regras bem definidas para esse processo de estruturação. A descrição de uma e outras constitui a **morfologia** (vocabular ou léxica) dentro da gramática de uma língua dada.

Há uma primeira classe de formas mínimas que se reporta diretamente à experiência do mundo biossocial que nos envolve e serve de assunto à comunicação linguística. São o núcleo de cada vocábulo, ou, em termos de estruturação mórfica, a sua **raiz**. São, portanto, **morfemas lexicais** como essência da palavra (gr. *léxis*) em que se encontram. Noutra terminologia, são os **lexemas** (MARTINET, 1960, p. 20), ou, noutra ainda, os **semantemas**, porque encerram em cada vocábulo o elemento semântico básico (VENDRYES, 1921, p. 86).

> Na literatura morfológica, os termos **raiz** e **radical** são frequentemente tomados como sinônimos, mas há quem os distinga. Assim, Monteiro (1989) considera o critério etimológico, interpretando **raiz** como o elemento formal mínimo do ponto de vista histórico; **radical** equivaleria a **raiz**, mas considerando o aspecto sincrônico. Para outros (LAROCA, 1994; ROCHA, 1998), *raiz* corresponde ao morfema boomfieldiano ou ao monema lexical martinetiano (elemento mínimo dotado de significado lexical); *radical* corresponderia à raiz acrescida de afixos. Rocha propõe que **item lexical**, ou **entrada lexical**, "é uma forma linguística que o falante conhece ou utiliza. A relação das entradas lexicais constitui o léxico de uma língua" (ROCHA, 1998: 35). Tais itens incluiriam não apenas as palavras (tanto os lexemas de Martinet, isto é, as unidades lexicais pertencentes às classes abertas, quanto as palavras gramaticais), mas também "as formas presas do tipo *geo-*, *antropo-* e *bio-*, e os afixos" (idem). Nesta visão do léxico, os itens lexicais não se limitam aos morfemas lexicais ou lexemas; incluem todas as unidades mínimas de forma e significado, isto é, os morfemas *lato sensu*, bem como outras unidades.

O traço básico dos morfemas lexicais, ou lexemas, ou semantemas, é a sua condição de série aberta, sem relacionamento morfológico de uns com os outros. Os semantemas de *cantar* e *gritar*, em português, são formalmente desconexos entre si, apesar de terem, do ponto de vista significativo, um traço comum, que é o de se referirem a maneiras diferentes de utilização da voz.

Quando, ao contrário desses exemplos, a relação significativa se transpõe para a estrutura linguística, aparece um semantema constante em combinação com formas mínimas auxiliares, que assinalam uma particularização de significação ou de emprego em cada vocábulo. O morfema lexical, ou semantema, combina-se com outros – os **morfemas gramaticais**, ou morfemas *strictu sensu*. Assim se desenvolve o léxico de uma língua, com intensa multiplicação de utilização dos semantemas existentes. Ao contrário, por exemplo, de *homem:mulher*, em que a indicação do sexo se faz por um semantema específico, passamos a ter *lobo:loba*, ou *menino:menina*, ou *leão:leoa*, ou *autor:autora*, em que o sexo feminino é assinalado pelo morfema *-a*, anexado para este fim a uma série indefinida de semantemas.

Desde Varrão, que opunha a *derivatio naturalis* à *derivatio voluntaria*, como vimos no capítulo anterior, faz-se uma distinção, na descrição gramatical, entre morfemas que criam novas palavras, ditos de **derivação**, e morfemas de **flexão**, que adaptam cada palavra às condições específicas de dado contexto. O termo data de Schlegel (1808), no seu livro pioneiro da gramática histórico-comparativa, *biegung* (curvatura), para indicar que uma dada palavra "se dobra" a novos empregos. Há a variante "inflexão", que alguns preferem para designar as modificações internas de uma raiz, como em inglês: *sing*, presente e forma geral de "cantar", e *sang*, pretérito do mesmo verbo.

O velho gramático romano tinha bem assinalado a essência da distinção com os adjetivos *naturalis* e *voluntaria*, respectivamente.

O segundo adjetivo destinava-se a esclarecer o caráter fortuito e desconexo do processo.

As palavras derivadas não obedecem a uma pauta sistemática e obrigatória para toda uma classe homogênea do léxico. Uma derivação pode aparecer para um dado vocábulo e faltar para um vocábulo congênere. De *cantar*, por exemplo, deriva-se *cantarolar*; mas não há derivações análogas para *falar* e *gritar*. Compare-se, ao contrário, a série sistemática *cantávamos*, *falávamos*, *gritávamos* etc. toda vez que a atividade expressa no verbo é atribuída ao falante e mais alguém em condições especiais de tempo passado. Os morfemas de derivação não constituem um quadro regular, coerente e preciso. Acresce a possibilidade de opção, para usar ou não o vocábulo derivado, que sugeriu a Varrão o adjetivo *voluntaria*. Nem todos os verbos portugueses apresentam nomes deles derivados, e para as derivações existentes os processos são desconexos e variados: *fala*, para *falar*; *consolação*, ao lado de *consolo*, para *consolar*; *julgamento*, para *julgar*; e assim por diante. Nem todos os substantivos portugueses têm um diminutivo correspondente, e os que existem podem ser utilizados ou não, numa frase dada, de acordo com a vontade do falante.

Já na flexão há obrigatoriedade e sistematização coerente. Ela é imposta pela própria natureza da frase e é *naturalis*, no termo de Varrão. É a

Perceba-se que o critério da concordância deixa de fora as marcas de modo e tempo, que não a requerem. Por outro lado, são flexões do verbo pelos demais critérios comentados pelo autor – especificamente, a obrigatoriedade para a classe e a grande regularidade e coerência dos paradigmas.

natureza da frase que nos faz adotar um substantivo no plural ou um verbo na primeira pessoa do pretérito imperfeito. Os morfemas flexionais estão concatenados em paradigmas coesos e com pequena margem de variação. Numa língua como a portuguesa, há ainda outro traço característico para eles. É a **concordância**, decorrente da sua repetição nos vocábulos encadeados na frase. Há concordância de número singular e plural e de gênero masculino e feminino entre um substantivo e seu adjetivo, como há concordância de pessoa gramatical entre o sujeito e o verbo, e depende do tipo de frase a escolha da forma temporal e modal do verbo.

O resultado da derivação é um novo vocábulo. Entre ele e os demais vocábulos derivados similares há esse tipo de **relações abertas**, que, segundo Halliday (1962, p. 9), caracteriza o léxico de uma língua em contraste com a sua gramática. Nesta, o que se estabelece são **relações fechadas**.

É uma relação fechada, por exemplo, que vigora entre *cantávamos* e todas as demais formas do verbo *cantar*, ou entre *lobos* ou *loba* e o nome básico singular *lobo*. Aí, nas palavras de Halliday (1962, p. 9), "a lista dos termos é exaustiva", "cada termo exclui os demais" e não está na nossa vontade introduzir um novo termo no quadro existente.

Ao contrário, para cada vocábulo, há sempre a possibilidade, ou a existência potencial, de uma derivação. A lista dos seus derivados não é nem exaustiva nem exclusiva.

A aplicação rigorosa desse critério só pode concorrer para introduzir coerência e nitidez na descrição linguística.

Vamo-nos limitar a uma ilustração dentro da língua portuguesa.

Os adjetivos portugueses apresentam comumente uma possibilidade de indicarem por meio de um morfema adicional o alto grau da qualidade que expressam: *tristíssimo*, para *triste*; *facílimo*, para *fácil*; *nigérrimo*, para *negro*, e assim por diante. As nossas gramáticas costumam definir o processo como uma **flexão de grau**. Faltam nele, entretanto, as condições acima estabelecidas.

Em primeiro lugar, não há obrigatoriedade no emprego do adjetivo com esse morfema de **superlativo** ou grau intenso. É a rigor uma questão de estilo ou de preferência pessoal. Ou, antes, trata-se de um uso muito espaçado e esporádico, em regra, e de tal sorte que certa frequência nele logo parece abuso e excentricidade, como era o caso do José Dias no *Dom Casmurro* de Machado de Assis. Em segundo lugar, estamos muito longe de uma sistematização coerente, para todos os adjetivos ou pelo menos para uma classe formal bem definida, como sucede para a flexão de plural com os adjetivos portugueses em geral e para a flexão de feminino com os adjetivos terminados em -*o*. Nenhum jogo de concordância, por outro lado, como há para o número e o gênero entre substantivo e adjetivo.

Na realidade o que se tem com os superlativos é uma derivação possível em muitos adjetivos, como para muitos substantivos há a possibilidade dos diminutivos e para alguns (não muitos) a dos aumentativos. O conceito semântico de **grau** abrange tanto os superlativos como os aumentativos e os diminutivos. Por

> Podemos apresentar outros argumentos para posicionar o grau no âmbito da derivação: (a) como Mattoso indica mais adiante, a manifestação do grau pode ocorrer não somente pela afixação, mas também pela aposição, a um substantivo, de um adjetivo indicador de tamanho ou de intensidade, ou de advérbios de intensidade a um adjetivo; (b) itens lexicais formados pelo acréscimo de marcas morfológicas de gradação apresentam possibilidade de evolução semântica, adquirindo significados imprevisíveis, que já não são associados a "grau" – o que é traço típico de palavras derivadas; são exemplos *portão* (derivado de *porta*) e *galinha* (derivado de *galo*). Nenhum teórico da atualidade, talvez em decorrência das inquestionáveis e consistentes argumentações de Mattoso, considera a gradação morfológica um processo flexional – nem mesmo as gramáticas normativas. No entanto, boa parte dos livros didáticos destinados ao Ensino Médio ainda insiste em colocar os afixos de grau no mesmo patamar dos de gênero feminino e de número.

isso, Otoniel Mota considerou aumentativos e diminutivos uma flexão dos substantivos pelo exemplo dos superlativos, porque não ousou considerar os superlativos uma derivação, como são muito logicamente considerados os aumentativos e os diminutivos por toda gente (MOTA, 1916). Em outras palavras, a expressão do grau não é um processo gramatical em português, porque não é um mecanismo obrigatório e coerente, e não estabelece paradigmas exaustivos e de termos exclusivos entre si.

A sua inclusão na flexão nominal decorreu da transposição pouco inteligente de um aspecto da gramática latina para a nossa gramática.

Em latim, o morfema *-issimus* pertencia a um complexo flexional ao lado de *-ior*, próprio dos adjetivos num tipo de frase em que se estabelece a comparação entre dois termos para se afirmar que aquele referente ao adjetivo que tem o morfema é superior ao outro. Com *-issimus* assinalava-se que o termo superior "sobreleva" (lat. *superferre*, supino *superlatum*, donde "*superlativus*") a todos da sua espécie: *felicíssima matrum* "a mais feliz das mães". Em português a situação é outra. Para um adjetivo latino como *felix* /fɛliḵs/ "feliz", havia obrigatória e coerentemente as formas *felicior* e *felicissimus*, que se empregavam em condições bem determinadas e sistematicamente, com "exclusividade", em lugar de *felix* (cf. *homo felix – homo felicior lupo – homo felicissimus animalium*). Ora, em português só temos *feliz* modificado em cada caso por um mecanismo sintático fora da morfologia vocabular (*o homem é feliz – o homem é mais feliz que o lobo – o homem é o mais feliz dos animais*). O uso de *-issimus* em latim para expressar meramente a intensificação de uma qualidade era um subproduto do seu uso gramatical na estrutura da frase comparativa; não foi ele que levou a gramaticologia latina a considerar *-issimus* dentro da flexão nominal. Se só existisse esse uso, como sucede em português, Varrão teria dito com certeza que se tratava de *derivatio voluntaria*.

Primeiro teórico a discutir o *status* do grau em nossa língua, Mattoso Camara Jr. repensou o comportamento dessa categoria, posicionando-se contra toda uma tradição. Para ele, a associação do grau a operações flexionais se justifica apenas do ponto de vista histórico: em latim, de fato, sufixos como *-ior* (comparativo) e *-issimus* (superlativo) eram obrigatórios, isto é, dependentes de um contexto sintático, exigidos pelo que Mattoso chama de "natureza da frase". O mesmo não acontece em português, já que os sufixos de grau não são obrigatórios nem dependem do contexto sintático. Quase todas as abordagens linguísticas correntes do grau seguem a linha descritiva inaugurada por Mattoso e consideram a gradação afixal um mecanismo tipicamente derivacional em português (KEHDI, 1989; MONTEIRO, 1989; LAROCA, 1994).

Muitos autores destacam o valor *discursivo* dos afixos de grau. Por exemplo, Basilio (2005) sustenta que os sufixos diminutivos não expressariam necessariamente a dimensão do referente, mas a afetividade do falante, podendo carrear aspectos positivos (*cachorrinho*, *mulherão*, *carrão*) ou negativos (*leizinha*, *papelão*, *timinho*), ou seja, a principal função dos afixos de grau seria a de realçar qualidade e/ou quantidade, de acordo com padrões individuais e subjetivos do falante.

Voltando ao assunto geral da essência da derivação e da flexão, é preciso assinalar a característica básica da flexão em português: a sua natureza sufixal.

Os morfemas flexionais portugueses são **sufixos**, ou, em outros termos, pequenas formas presas que ficam na parte final do vocábulo.

Podemos dizer que a derivação também é em princípio um mecanismo de sufixação, pois os prefixos portugueses apresentam traços próprios, de natureza morfológica e semântica, e entram melhor no quadro da composição vocabular, como salientamos no capítulo V.

A ordem em que se dispõem os constituintes no vocábulo mórfico é assim: semantema ou lexema (L) + morfema ou sufixo derivacional (SD) + morfema ou sufixo flexional (SF).

Tanto a flexão como a derivação podem processar-se com mais de um constituinte. No nome (substantivos e adjetivos) há a indicação de feminino e a indicação de plural, que se podem adicionar e exatamente nesta ordem. No verbo, ao constituinte que indica as condições de tempo e modo do processo se acrescenta, também nesta ordem, o constituinte da pessoa gramatical do sujeito. Haja vista vocábulos como *meninas* (*-a* de feminino, *-s* de plural) ou *cantávamos* (*-va* de pretérito imperfeito do indicativo, *-mos* de 1ª pessoa do plural). Já na derivação a ordem depende do encadeamento das derivações parciais. Assim, temos o substantivo *formalização*, derivado do verbo *formalizar*, que se deriva do adjetivo *formal*, onde um sufixo *-al*, o primeiro na ordem das sequências, se adjungiu ao substantivo inicial *forma*.

Os sufixos derivacionais ampliam a raiz no que se chama radical. Ou, se adotarmos o termo **radical** para o constituinte lexical básico, a um radical primário se sucedem nas derivações um radical secundário de primeiro grau (v.g. *formal*, como derivado de *forma*), um radical secundário de segundo grau (v.g. o radical do verbo *formalizar*, derivado de *formal*), um radical secundário de terceiro grau (como em *formalização*, derivado de *formalizar*) e assim por diante.

> "v.g." é abreviação da expressão latina *verbi gratia* ("pela graça da palavra"), que significa "tal como", "por exemplo".

Em todos os derivados o semantema da raiz permanece válido. Outras vezes, como nos diminutivos, nele se insinua uma noção suplementar (ex.: *livrinho*, um "livro" que é "pequeno").

Uma complexidade na língua portuguesa, que já deparamos em latim, é a distinção que convém fazer entre radical (incluindo-se nesse conceito a raiz) e o **tema**.

O tema vem a ser um radical ampliado por uma vogal determinada. Em vez de *cant-, fal-, grit-*, por exemplo, temos os temas em *-a: cantá-, falá-, gritá-*, que recebem o sufixo flexional verbal (*cantar, cantávamos, cantamos, cantaríamos* etc., como *falar, falávamos* etc., ou *gritar, gritávamos* etc.), ou o sufixo nominal *-ção*, como em *falação, consolação*, mas não em *canção* (com o alomorfe radical *can-*).

Desta sorte, na base do tema, caracterizado por uma dada vogal constante, dita **vogal temática**, nomes e verbos se agrupam em classes morfológicas, como são para os verbos portugueses as tradicionais três **conjugações**. Nos nomes, deve-se igualmente considerar **classes temáticas**, que são em *-a* (*rosa, poeta*), em *-o* (*lobo, livro*) e em *-e* (*ponte, dente* ou *triste*).

A ausência da vogal temática cria as formas que podemos chamar **atemáticas**. Nos verbos portugueses, dentro de cada conjugação, há normalmente algumas nessas condições e até em certos verbos são atemáticas certas formas que normalmente não o são, como o infinitivo em *pôr* e seus compostos, visto que *pô-* é um radical alomórfico ao lado de *põ-* e de *ponh-* (com a supressão do elemento nasal que trava a vogal *-o-*). Nos nomes são frequentes os singulares atemáticos, como *mar, sol* etc. Os nomes que terminam em consoante ou em vogal tônica (*bambu, alvará* etc.) são atemáticos.

No capítulo IX, Mattoso proporá uma análise bem mais complexa para os nomes atemáticos terminados em consoante, como *mar* e *sol*. Por essa análise, eles também serão, num certo sentido, temáticos.

Os sufixos derivacionais, igualmente, podem ser atemáticos ou temáticos em *-a*, em *-o* ou em *-e*. É atemático no singular o sufixo *-ez* (*palidez*) ao lado de *-eza* (*tristeza*), ou *-ês* (*francês*) ao lado de *-ense* (*parisiense*). Em *-mento* (*julgamento*) temos um tema em *-o*, como em *-ema* (*telefonema*) um tema em *-a*.

A flexão no léxico português

A classificação dos vocábulos mórficos, em português, define os nomes, os pronomes e os verbos como **variáveis**, isto é, suscetíveis de flexão. A tripartição assim estabelecida é válida, como procurei demonstrar noutras oportunidades (cf. CAMARA JR., 1954; 1967; 1969). Prende-se – é verdade – à velha teoria das **partes do discurso**, apenas reformulada de maneira mais precisa e coerente. Mas a teoria das partes do discurso, como já observou Lyons (1966: 209), "merece ser considerada com mais simpatia do que a que tem recebido da maioria dos linguistas nestes últimos anos".

Ora, esta divisão dos vocábulos mórficos em três classes de variáveis, semanticamente orientada embora, tem uma contraparte formal na natureza das flexões que aparecem em cada classe.

Os nomes são vocábulos suscetíveis de gênero e número.

O gênero, que condiciona uma oposição entre forma masculina e feminina, tem como mecanismo flexional básico um morfema sufixal *-a* (/a/ átono final) para a marca do feminino. A flexão de número, que cria o contraste entre forma singular e plural, decorre da presença no plural de um sufixo /z/, escrito <s>, com que a última sílaba do nome passa a terminar. Assim, o masculino e o singular se caracterizam pela ausência das marcas de feminino e plural, respectivamente: *peru*, masc. sing. - *perus*, masc.

pl. - *perua*, fem. sing. - *peruas*, fem. pl. (Em nomes de outras estruturas, há processos morfofonêmicos, que examinaremos mais tarde.) Em outros termos, pode-se dizer que ambos, o masculino e o singular, são assinalados por um morfema zero (Ø).

Muitos pronomes têm essas mesmas flexões. Baste citar: *ele - eles - ela - elas, algum - alguns - alguma - algumas.*

O que distingue, porém, os pronomes, de maneira geral, são três noções gramaticais, que neles se encontram e nos nomes não aparecem.

Uma é a noção de **pessoa gramatical**. Assim se situa a referência do pronome no âmbito do falante (1ª pessoa), no do ouvinte (2ª pessoa), ou fora da alçada dos dois interlocutores (3ª pessoa). O número, sem morfema privativo seu, se integra nessa noção de pessoa gramatical. Em português o falante pode assinalar que está associando a si outra ou outras pessoas, ou que está se dirigindo a mais de um ouvinte ou que a referência de 3ª pessoa compreende uma pluralidade.

É esta noção de pessoa gramatical que essencialmente caracteriza os pronomes ditos por isso mesmo **pessoais**, quer no seu emprego substantivo (pronomes pessoais *stricto sensu*), quer na função adjetiva, quando costumam receber a denominação de **possessivos**. A mesma noção é também fundamental nos três pronomes **demonstrativos** (*este, esse, aquele*), que indicam, respectivamente, posição junto ao falante, ou junto ao ouvinte, ou à parte dos interlocutores.

A noção de pessoa gramatical não se realiza, entretanto, por meio de flexão, senão lexicalmente por vocábulos distintos. Comparem-se, por exemplo, *eu:tu, este:esse*, e assim por diante.

A segunda noção gramatical própria dos pronomes é a existência em vários deles de um **gênero neutro** em função substantiva, quando a referência é a coisas inanimadas. É o que assinala a série demonstrativa *isto: isso:aquilo*. Em certos indefinidos, por outro lado, há formas substantivas específicas para seres humanos, como *alguém, ninguém* e *outrem*. Também aí, apesar de uma terminação comum *-em* (tônica nos dois primeiros e átona no terceiro), trata-se a rigor de vocábulos diversos das formas gerais respectivas *algum, nenhum* e *outro*.

Há, finalmente, como terceira noção gramatical privativa dos pronomes em português, o que podemos chamar uma categoria de **casos**, se bem que muito diversa, formal, funcional e semanticamente, dos casos nominais em latim. Os pronomes pessoais, de emprego substantivo, distinguem uma **forma reta**, para sujeito, e uma ou duas **formas oblíquas**, servindo algumas como complemento aglutinado ao verbo (*falou-me, viu-o, disse-lhe*) e outras como complemento regido de preposição (*falou de mim*). Também cada uma dessas formas, retas e oblíquas, para a mesma pessoa gramatical, é um vocábulo de *per si*.

Assim, as três noções gramaticais características dos pronomes não entram no sistema flexional da língua portuguesa. São expressas lexicalmente por mudança de vocábulo. Embora haja às vezes certa semelhança fonológica, não há como supor, para as formas das diversas pessoas gramaticais, para os casos diversos e para a diversificação especial do gênero **neutro** e do gênero **animado** (ou antes **humano**), variações flexionais de uma forma pronominal única. Mesmo quanto às oposições *este:isto, esse:isso, aquele: aquilo*, há uma mudança do tema em *-e* para o tema em *-o*, o que induz a ver em cada termo da oposição um vocábulo distinto.

Desta sorte, em relação aos nomes e pronomes, as noções gramaticais que se expressam por flexão são apenas as de gênero masculino e feminino e de número singular e plural, como já foram aqui, de início, citadas: Ø-/z/, para o número, Ø-/a/ átono para o gênero.

Consideremos agora os verbos, como a terceira e última classe dos vocábulos variáveis em português.

Neles figuram duas noções muito diferentes, que se completam para flexionar o vocábulo verbal.

Uma para designar o **tempo**, ou ocasião, da ocorrência do que o verbo refere, é expressa por um sufixo flexional que se segue imediatamente à vogal temática. A outra, que se lhe segue, indica dentro do vocábulo verbal a **pessoa gramatical** do sujeito. No sufixo flexional de tempo verbal há a **cumulação** da noção de **modo** (indicativo, subjuntivo, imperativo), e, num tempo de pretérito, especificamente, a do **aspecto** incluso ou **imperfeito** do processo verbal referido. Por sua vez, a flexão de pessoa gramatical implica, automaticamente, a indicação do número, singular ou plural, do sujeito.

O modo indicativo compreende os tempos básicos do verbo português, cujo uso depende da escolha livre do falante. O subjuntivo reúne tempos obrigatórios em certos tipos de frase e condicionados por outros elementos do contexto. O imperativo é privativo das ordens. Em sentido lato, o **modo** aplica-se ainda às chamadas formas nominais do verbo (infinitivo, gerúndio e particípio).

Podemos dizer, portanto, que são apenas quatro as flexões existentes em português para os vocábulos variáveis: a) duas, as de gênero e número, para nomes e pronomes; b) outras duas, de tempo-modo e número--pessoa, para os verbos.

Assim, os morfemas flexionais portugueses, de natureza sufixal, também chamados **desinências**, são os seguintes: a) sufixo de gênero feminino e sufixo de número plural na morfologia nominal e pronominal; b) sufixo de modo-tempo e sufixo de número-pessoa na morfologia verbal. Podem ser também designados, acrograficamente, por: SG (Sufixo de Gênero), SN (Sufixo de Número), SMT (Sufixo Modo-Temporal), SNP (Sufixo Número-Pessoal).

Resta uma consideração final.

> Na literatura, a alternância vocálica também é chamada de **metafonia**: mudança na qualidade de uma vogal por influência de outra adjacente.

A flexão sufixal é frequentemente complementada por uma variação do timbre da vogal radical tônica. É o que podemos denominar uma **flexão interna** ou **inflexão**. Assim se estabelece uma **alternância vocálica**.

Entre os nomes, quer substantivos, quer adjetivos, a vogal tônica /o/ fechado do masculino singular pode alterar com um /ɔ/ aberto no feminino singular e nos plurais de masculino e feminino; ex.: *novo* (/o/ tônico fechado):*nova, novos, novas* (/ɔ/ tônico aberto). A alternância é um traço morfológico redundante, pois já há a indicação de gênero e número pelas desinências próprias /a/, /z/; mas na série masc. *avô*: fem. *avó*, em que falta a marca de feminino em /a/, a alternância passa de traço redundante secundário a traço primário e distintivo.

Nos pronomes demonstrativos, a alternância é entre /e/ fechado no masculino singular e plural e /ɛ/ aberto no singular e plural do feminino; cf. *esse, esses:essa, essas*. Algumas gramáticas estendem essa alternância aos nomes, baseando-se em pares como *capelo:capela, cancelo:cancela*. Mas aí o masculino ou é obsoleto ou, pela sua significação, é palavra diferente da forma feminina, com que são forçadamente associados pelo gramático.

> Para pares aparentemente similares a estes, Mattoso adota, entretanto, uma solução diferente no próximo capítulo: *rama* seria forma feminina de *ramo*; *barco*, de *barca*; *espinho*, de *espinha*. Isto é, estas seriam formas, *flexionadas* para gênero, de uma mesma palavra. Pares similares são, entre outros, *ovo:ova* e *mato:mata*.

Para os verbos o mecanismo da alternância da vogal tônica é mais rico e complexo.

Ela se manifesta nas **formas** ditas **rizotônicas**, em que o acento incide na última vogal do constituinte radical.

São três os tipos de alternância de vogal tônica no radical para os verbos.

Em primeiro lugar, nos tempos de presente (indicativo e subjuntivo) da 2ª conjugação, /o/ ou /e/ fechados no subjuntivo e na 1ª pessoa singular do indicativo alternam com /ɔ/ ou /ɛ/ abertos na 2ª e 3ª pessoas, também rizotônicas, do indicativo; ex.: *corra* etc., *corro* /o/ fechado: *corres, corre, correm* /ɔ/ aberto; *beba* etc., *bebo* /e/ fechado: *bebes, bebe, bebem* /ɛ/ aberto.

Já na 3ª conjugação, para os mesmos tempos de presente (indicativo e subjuntivo) a alternância é entre /i/ ou /u/ (no subjuntivo e na 1ª pessoa singular do indicativo) e vogal média aberta ou fechada (/e, ɛ/ ou /o, ɔ/) na 2ª e 3ª pessoas, rizotônicas, do indicativo; ex.: *fira* etc., *firo* /i/: *feres, fere, ferem* /ɛ/ aberto; *sinta* etc., *sinto* /i/: *sentes, sente, sentem* /e/ fechado (com travamento nasal); *durma* etc., *durmo* /u/: *dormes, dorme, dormem* /ɔ/ aberto; *consuma* etc., *consumo* /u/: *consomes, consome, consomem* /o/ fechado.

Finalmente, temos as alternâncias entre a 1ª e a 3ª pessoa singular do pretérito perfeito, quando elas são rizotônicas e desprovidas de flexão externa no pequeno número de verbos que João Ribeiro chamou, por sugestão da gramaticologia alemã, **verbos fortes**. Aí, a flexão interna é primária e distintiva e não secundária e redundante com a flexão externa, como sucede nas ocorrências acima citadas. Trata-se de um quadro de seis pares de oposição de vogal tônica radical, distribuídos por um tipo /i/-/e/ fechado e um tipo /u/-/o/ fechado:

(11) *fiz* : *fez*

tive : *teve*

estive : *esteve*

pus : *pôs*

pude : *pôde*

fui : *foi*

Agora uma observação suplementar.

A descrição se tornaria mais simples, coerente e econômica, se no tratamento de todas essas espécies de alternância vocálica em português, nos nomes e nos verbos, partíssemos da vogal mais aberta em cada par de oposição. Nos nomes, seria do /ɔ/ aberto do feminino e do plural, em vez de ser do masculino singular. Nos verbos, da vogal média aberta na 2ª conjugação, da vogal média (fechada ou aberta) na 3ª conjugação, e, para os verbos fortes, da vogal média fechada.

Com efeito, nos nomes, a vogal média aberta do feminino (/ɔ/) pressupõe sempre um fechamento (/o/) no masculino singular, ao passo que a recíproca não é verdadeira, haja vista *esposo:esposa, bolso:bolsa* etc., em que não se dá alternância e timbre. Na 2ª conjugação, à vogal

---

Eis um modo de entender o raciocínio de Mattoso aqui: os casos de metafonia em português podem ser mais bem descritos por *regras morfofonológicas* se tomarmos como forma básica aquilo que normalmente se toma como forma derivada. Consideremos, por exemplo, os casos da metafonia nominal [o]:[ɔ]. Há nomes que a apresentam (s[o]gro:s[ɔ]gra, j[o]go:j[ɔ]gos), e outros que não (esp[o]so:esp[o]sa, r[o]sto:r[o]stos). Se tomamos como forma básica o masculino singular, teremos de dizer que a regra morfofonológica /o/ > [ɔ] se aplica para alguns casos (s[o]gro > s[ɔ]gra, j[o]go > j[ɔ]gos), mas outros terão de ser excluídos dela como "exceções" (esp[o]so > esp[o]sa, r[o]sto > r[o]stos). Mas se seguirmos Mattoso e adotarmos, nesses casos, como formas básicas as que se materializam no feminino ou plural, não precisaremos de "exceções à regra". A regra morfofonológica agora será /ɔ/ > [o]. Nos casos que possuem /ɔ/ na forma básica (*s[ɔ]gr+a, *j[ɔ]g+os), a regra se aplica e resulta em [o] na forma derivada (*s[ɔ]gr- > s[o]gro, *j[ɔ]g- > j[o]go). Nos casos que possuem /o/ na forma básica (*esp[o]s+a, *r[o]st+os), não há problema algum:

média aberta nas 2ª e 3ª pessoas rizotônicas corresponde obrigatoriamente a vogal média fechada no subjuntivo e 1ª pessoa singular do indicativo; mas pode haver vogal média fechada mantida em todas as formas rizotônicas, como em: *tema* etc., *temo, temes, teme, temem.* Na

> não há /ɔ/ na forma básica; logo, a regra não se aplica; a forma básica é adequadamente preservada na forma derivada (*esp[o]s- > esp[o]so, *r[o]st- > r[o]sto), e não é preciso falar em exceções à regra. Mattoso sugere que raciocínio análogo se aplica aos casos de alternância vocálica em verbos. Evidentemente, a proposta enfrenta problemas, a começar pela ideia de que as chamadas "formas marcadas" (feminino, plural) é que são as básicas para estes tipos de nomes em português.

3ª conjugação, a vogal média (aberta ou fechada) das 2ª e 3ª pessoas rizotônicas acarreta vogal alta homorgânica no subjuntivo e 1ª pessoa singular do indicativo, enquanto a presença desta no subjuntivo e 1ª pessoa singular do indicativo não impõe aquela nas 2ª e 3ª pessoas (cf. *agrida* etc., *agrido, agrides, agride, agridem*). Até nos verbos fortes, /i/ inalterado pode aparecer nas duas formas rizotônicas do pretérito perfeito, cuja oposição se neutraliza (*quis, disse*).

A inversão, que aqui estamos sugerindo, para a formulação das regras de alternância vocálica postula duas decisões novas preliminares.

A primeira é estabelecer uma **forma teórica básica** com a vogal mais aberta (cf. CAMARA JR., 1968d, p. 908). Passamos então a ver no feminino e plural, para os nomes, e nas 2ª e 3ª pessoas rizotônicas, para os verbos, a realização dessa forma teórica básica, que é substituída por uma forma com a vogal menos aberta no masculino singular dos nomes e no subjuntivo e 1ª pessoa singular do indicativo nos verbos. Exemplifiquemos. Em vez de partir de *novo*, partimos de *novo (teórico) com /ɔ/ aberto; e nos verbos consideramos um radical básico (teórico), concretizado nas 2ª e 3ª pessoas rizotônicas do indicativo presente, em lugar de focalizar inicialmente o infinitivo, onde a vogal do radical é necessariamente fechada, quando média, porque é átona.

A segunda decisão é a consequência pragmática desta nova atitude doutrinária e importa numa modificação substancial na técnica de fatura de dicionários. Consiste em entrar nos verbetes dos dicionários com um **tema teórico** que corresponde ao da forma feminina

> O infinitivo é uma forma convencional, talvez prática, de citação dos verbos (aquela que, por exemplo, consta do dicionário). Para Mattoso Camara, do ponto de vista teórico-descritivo, é melhor partir de uma forma básica em que a

última vogal do radical verbal se manifesta como tônica – afinal de contas, só em contexto tônico aparecem as alternâncias vocálicas; em contextos átonos são "neutralizadas", e partir do infinitivo equivaleria a partir de uma vogal átona no radical.

singular, para os nomes, e, nos verbos, em indicar o verbete pela 2ª pessoa singular do indicativo presente, em vez de fazê-lo com o infinitivo. Este, como **forma arrizotônica** (ou de radical átono), é, com efeito, irrelevante para nos dar a conhecer a genuína vogal radical. Ela só aparece quando tônica, porque, como já vimos, é então que funciona o quadro pleno das vogais portuguesas sem qualquer neutralização das suas oposições fundamentais.

O mecanismo da flexão nominal

A flexão se encontra em português no nome (substantivo e adjetivo) e no verbo. Naquele, para expressar o número e o gênero. Neste, para a indicação das noções gramaticais que denominamos modo-temporal e número-pessoal.

A flexão nominal é de um mecanismo simples e praticamente uniforme. Consiste numa **oposição privativa**, segundo a terminologia de Trubetzkoy. A uma forma singular ou masculina, sem marca própria dessa sua categoria, opõe-se, respectivamente, a forma plural ou a feminina, caracterizada por um sufixo flexional específico. Para o plural – /z/, escrito sempre -s; para o feminino – /a/ átono final. Assim, às formas de singular, em que o morfema é zero (Ø), *lobo, mestre, pastor, peru* etc. se opõem as de plural *lobos, mestres, pastores, perus* etc. Da mesma sorte, a essas formas de singular e plural, que também são masculinas e com terminação vária, opõem-se as de

Neste parágrafo aparecem duas notas explicativas na edição que tomamos como base (notas 1 e 2, p. 57); não as integramos ao texto porque interromperiam a linha de argumentação de Mattoso no trecho.

A primeira nota contrasta *oposição privativa* com *oposição equipolente*:

"Ao contrário [da oposição privativa], na **oposição equipolente** os dois membros do par opositivo têm a sua marca específica. É equipolente, por exemplo, a oposição de número nas línguas do sul da África entre *muntu* (prefixo *mu-*) 'homem' e *bantu* (prefixo *ba-*) 'homens'".

A segunda nota menciona um caso em que o morfema de *plural* não se manifesta como -s /z/:

"Esse sufixo flexional é zero (Ø) para os nomes paroxítonos já terminados em /z/: *simples, ourives* etc."

Como se depreende dessa nota, Mattoso admite não apenas zeros morfológicos que são *morfemas* (como o masculino e o singular), mas também zeros que são *variantes* de morfemas, isto é, *alomorfes*. Nos termos de Laroca (1994), formas como *simples*, *ourives* ou *ônibus* têm **um zero morfêmico** no singular (*pessoa-Ø simples-Ø*); e um **zero alomorfêmico** no plural (*pessoa-s simples-Ø*). Pode-se, ainda, dizer que este último é um **alomorfe condicionado** do -s regular do plural: ocorre nos nomes que terminam em sílaba átona que já contém a sibilante na coda – isto é, em nomes que já terminam com -s ortográfico.

feminino com o sufixo flexional -*a*: *loba* (pl. *lobas*), *mestra* (pl. *mestras*), *pastora* (pl. *pastoras*), *perua* (pl. *peruas*) etc.

A bem dizer, a única complexidade nesse mecanismo flexional está nas mudanças morfofonêmicas que certas estruturas vocabulares exigem.

É uma complexidade especialmente relevante na flexão de número.

As regras das nossas gramáticas tradicionais sobre a formação de plural dos nomes terminados em <r> (ou <s> oxítonos), em <l> ou no ditongo nasal <ão> vêm a ser uma descrição, nem sempre plenamente satisfatória, de mudanças morfofonêmicas nessas estruturas nominais.

Em referência aos nomes terminados por vibrante (/r/) e por sibilante (/z/), tudo se resume na reposição da vogal temática -*e*, que está suprimi-

Note-se que neste trecho Mattoso propõe, novamente, a existência de "formas teóricas", isto é, abstratas: assume que, para os nomes terminados em consoante, há uma forma básica comum a singulares e plurais; essa forma básica apresenta a vogal temática -*e*, que permanece e se manifesta no plural, mas cai (por regra morfofonológica) no singular.

da no singular mas aparece no plural: *mar*(*e*) - *mares*, *português*(*e*) - *portugueses*. Os nomes de radical terminado em /r/ e /z/ dividem-se, portanto, em dois grupos, conforme perdem, ou não, a vogal temática -*e* no singular. Comparem-se *mar* - *mares* com *are* - *ares* (a medida agrária), *paz* - *pazes* com *base* - *bases*.

Em vez de interpretar a vogal -*e*, acrescida no plural, como vogal temática, já se tem procurado explicá-la fonologicamente pela incompatibilidade de grupos finais /zz/ e /rz/. Mas tal incompatibilidade, inegável para /zz/, deveria antes resultar na supressão da desinência, como acontece nos paroxítonos em /z/ (*pires*, *lápis*). Quanto a /rz/, é discutível que realmente haja a incompatibilidade fonológica, haja vista um plural *revólvers* [revɔlverz], que persistiu por muito tempo até ser substituído pelo plural analógico *revólveres*; ademais, encontra-se grupo desse tipo em interior de vocábulo, como em *perspectiva*, *interstício*.

Para os nomes terminados em líquida lateral (/l/) no singular, a reposição da vogal temática -*e* é acompanhada da supressão do /l/, produzindo-se em consequência um jogo de combinações entre a vogal temática e a vogal do radical, assim postas em contato. O resultado depende da natureza da vogal do radical: 1) /a, e, o, u/; 2) /i/ átono; 3) /i/ tônico.

Em 1), há uma ditongação com a passagem da vogal temática à semivogal /j/, escrita <i>: *animal*(*e*) - *animais*, *papel*(*e*) - *papéis*, *anzol*(*e*) - *anzóis*, *azul*(*e*) - *azuis*. A líquida /l/ não cai em *mal*, pl. *males*. É claro que num dialeto sem /l/ pós-vocálico (substituído por /w/) a regra morfofonêmica é outra (alternância /w/-/j/).

> Mattoso sugere aqui que, em dialetos em que /l/ é [w], não haveria a regra de "supressão de /l/", mas alguma regra de substituição de [w] por [j]. Isso parece ser um equívoco. Para começar, Mattoso é obrigado a admitir a regra de supressão de [w] para os casos em 3) (isto é, nomes terminados em -*il*), cf. parágrafo a seguir. Além disso, para o próprio Mattoso aqui em *Problemas* (cf. capítulo IV), não existe /j/, e sim [j], que é manifestação fonética das vogais /e/ ou /i/ quando em posição de aclive ou declive silábico. Finalmente, os processos derivacionais demonstram que [w] pós-vocálico correspondente a <l> é subjacentemente /l/, mesmo, cf. exemplos como *animal* > *animalidade*, *sol* > *solar*, e infinitos outros do tipo.

Em 2), dá-se uma permuta entre as vogais em contato, com uma consequente ditongação: *fácil*(*e*) - *fáce*(*l*)*is* - *fáceis*.

Em 3), falta vogal temática tanto no singular como no plural e a única regra morfofonêmica é a supressão do /l/ : *anil* - *anis*. Nos dialetos em que /l/ pós-vocálico foi mudado em /w/, a regra é a supressão do /w/: /aniw/ - /anis/.

> Para não alterar muito o texto original, mantivemos aqui as representações de Mattoso tais como lá aparecem. Entendemos, no entanto, que não são próprias como representações fonêmicas, pois "misturam" elementos que ele próprio analisa como fonéticos (por exemplo, a realização das vogais temáticas como semivogais).

Já para as estruturas terminadas no singular pelo ditongo nasal <ão>, com os seus três plurais em -*ões*, -*ães* e -*ãos*, a flexão se descreve melhor se partirmos de formas teóricas em -*õe*, -*ãe*, -*ão* (/ojN/, /ajN/, /awN/, respectivamente).

Podemos dizer então que elas se mantêm no plural, mas no singular confluem para -*ão* /awN/ : *leão* (< *leõe*) - *leões*, *pão*

> Onde usamos o sinal < aqui – por exemplo, em *leão* (< *leõe*) – aparece + no original. Entretanto, nos demais pontos de *Problemas*, + é usado para a concatenação de morfemas (como em *cant+e+i* no próximo capítulo. Aqui, o que o sinal deve representar é que a forma de singular *leão* deriva

da forma básica, teórica, *leõe*. É nesse sentido que adotamos <.

Notar, ainda, que a lógica aqui é a mesma de vários casos precedentes de "irregularidades flexionais" dos nomes: para resolvê-las, Mattoso propõe que a "forma teórica" básica é o tema das formas "marcadas" (plural, feminino), e não o das formas "não marcadas" (singular, masculino).

(< *pãe*) - *pães*, *irmão* (< *irmão*) - *irmãos*. O tema em *-õe* é o mais geral e regular, embora em alguns nomes haja variantes (mormente na língua literária) em *-ãe* ou em *-ão*. Os temas exclusivamente em *-ãe* e em *-ão* são poucos e podem ser apresentados numa lista exaustiva.

A esse respeito, as considerações diacrônicas interferiram com a descrição sincrônica e a perturbaram na maioria das nossas gramáticas. Desenvolvi essa interpretação em Camara Jr. (1968e).

Em latim havia três estruturas nominais distintas cujo radical terminava pela consoante nasal dental /n/. Uma era de nomes da 2ª e da 4ª declinação com radical terminando em *-an* (*germanu-* : pl. ac. *germanos*; *manu-* : pl. ac. *manus*). Estes nomes, por evolução fonética, deram as terminações *-ão*:

Em latim, pertencem à terceira declinação os substantivos que fazem o genitivo singular em *-is*. Estes podem ser **parissilábicos** ou **imparissilábicos**. No primeiro caso, as formas nominativa e genitiva, no singular, têm o mesmo número de sílabas (por exemplo, nom. sing. *cives* "cidadão", gen. *civis* "do cidadão"); no segundo caso, a forma de genitivo tem uma sílaba a mais que a de nominativo (por exemplo, nom. sing. *consul* "cônsul", gen. sing. *consulis* "do cônsul").

Note-se, contudo, que nesse trecho Mattoso não utiliza as formas de nominativo ou genitivo para dar a origem latina das formas portuguesas. Por exemplo, no caso de *leão/leões*, as formas do português não vêm de *leo* (nom. sing.) ou *leonis* (gen. sing.), mas de *leone(m)*, *leones*, que são as formas de acusativo singular e plural, respectivamente. A escolha de Mattoso se deve ao fato de que o **caso lexicogênico** dos nomes do português é o caso acusativo latino, e não o nominativo ou o genitivo.

-ãos: *irmão* (port. arc. *germão*) - *irmãos* (port. arc. *germãos*); *mão* - *mãos*. Outra era de nomes da 3ª declinação imparissilábica com a parte final do radical em *-on* (o nominativo singular, sem desinência, perdeu muito cedo o travamento nasal): *leone-* (nom. sing. *leo*) - *leones*, de onde port. arc. *leom* (isto é, *leõ* /leoN/) - pl. *leões* (cf. LEITE de VASCONCELOS, 1911, p. 142). Finalmente, havia os nomes parissilábicos da 3ª declinação (com desinência *-is* no nominativo singular), cujo final do radical era em *-an*: *pane-* (nom. sing. *panis*) - *panes*, correspondendo a port. arc. *pam* (/paN/) - pl. *pães*.

As três estruturas do singular no português arcaico confluíram no português moderno para uma única terminação: *-ão*. Daí, o recurso de nossas gramáticas, em face de um singular de final uniforme *-ão*, apelarem para as estruturas distintas latinas (como poderiam ter apelado para as do português arcaico), a fim de, partindo do singular único, apresentarem os três plurais diferentes em *-ãos, -ões, -ães*.

Acontece, porém, que processos analógicos generalizados alteraram a singeleza da correspondência entre os três plurais portugueses e as três estruturas latinas. Em princípio, o plural em *-ões* substituiu amplamente os demais e se tornou o plural de nomes em *-ão* não provenientes do latim (cf. *gavião - gaviões*). Em termos sincrônicos, podemos dizer que os radicais teóricos em *-õe* são os mais frequentes e de muito os predominantes, no português moderno, em contraste com as três estruturas equitativamente distribuídas no vocábulo latino.

Por isso, a referência à forma latina para explicar a portuguesa é muito precária e até perturbadora. Ela é responsável por verdadeiros plurais "fantasmas", dados por nossas gramáticas, isto é, plurais que não se encontram no uso vivo, mas não obstante nelas aparecem como "os mais corretos".

Uma descrição genuinamente sincrônica tem de partir dos temas teóricos (que devem ter entrada nos dicionários, em vez da inexpressiva forma singular). A forma singular pode então ser explicada por algumas regras morfofonêmicas: 1) *-õe* para *-ão* (mudança de tema e alternância do /o/ tônico para /a/); 2) *-ãe* para *-ão* (mudança do tema); 3) *-ão*, sem mudança morfofonêmica.

Passemos agora a apreciar o mecanismo da flexão de gênero.

Esta é menos complexa em regras morfofonêmicas.

É, não obstante, um dos tópicos mais confusos e incoerentes das nossas gramáticas tradicionais. Há duas causas para essa confusão e incoerência.

A primeira é de ordem semântica.

Desde o velho Bopp (1878) há o afã de equiparar a categoria de gênero com a distinção dos sexos no reino animal. Não há dúvida de que nos nomes referentes a animais e pessoas existe uma certa correlação entre as duas noções, coincidindo aí frequentemente o gênero masculino com o sexo masculino, e o gênero feminino com o sexo feminino. Mas mesmo no reino animal tal coincidência está longe de ser absoluta. Em português, por exemplo, há nomes com um gênero único para animais (**epicenos**) e pessoas (**sobrecomuns**), independente do sexo, haja vista: (*a*) *cobra*, (*a*) *testemunha*, (*a*) *criança*; (*o*) *tigre*, (*o*) *cônjuge*. Por outro lado, todos os nomes substantivos têm um gênero e, para nomes de coisas, ele não pode evidentemente se explicar pelo sexo (*a flor*, *o mar*, *a cadeira*, *o sofá*, e assim por diante).

Na realidade, sob o aspecto semântico, trata-se de uma categoria formal, para os nomes, como as três conjugações são em português uma classificação formal dos verbos. A diferença entre uma e outra está na circunstância de que o gênero pode variar para um mesmo nome substantivo, condicionando uma especificação de sentido, que no reino animal, quando há variação de gênero, é em regra correspondente à distinção de sexos. É o critério de uma especialização, amplamente cambiante, que está na base de formas opositivas como: *lobo - loba*, *mestre - mestra*, *barco - barca*, *ramo - rama*, *jarro - jarra*, *espinho - espinha* etc. Em *espinho - espinha* a especialização é recente. O que havia antes era uma variação livre, como ainda sucede em *chinelo - chinela* etc., o que pode ser visto em Botelho de Oliveira:

> *Mas quando têm a coroa levantada/*
> *de picantes* espinhos *adornada,/*
> *nos mostram que entre reis, entre rainhas/*
> *não há coroa no mundo sem* espinhas
> (VARNHAGEN, 1946, p. 185 – grifo dos editores).

Desde que deixemos de considerar a categoria de gênero como umbilicalmente ligada à de sexo, introduzimos enorme simplificação na sua apreciação em português.

Em primeiro lugar podemos pôr de lado, nos nomes referentes a animais e pessoas, a indicação das fêmeas por uma palavra distinta (ex.: *homem - mulher*) ou por uma palavra derivada ou primitiva em face da forma masculina (*galo - galinha*, um diminutivo; *perdigão*, um aumentativo, - *perdiz*;

e assim por diante). É que aí a indicação do sexo se faz fundamentalmente no âmbito do léxico, por palavra própria ou derivação lexical.

Em segundo lugar, compreende-se melhor o caso dos chamados epicenos e sobrecomuns (há pouco citados aqui), quando o substantivo de animal ou pessoa, respectivamente, se aplica a ambos os sexos (cf. CHEDIAK, 1960).

Finalmente, desaparece o falso problema de explicar por que têm gênero os nomes substantivos referentes ao reino vegetal e mineral e a artefatos. A "obsessão sexual", para que apelou Spitzer (1941) ao debater o gênero feminino em substantivos românicos que eram neutros em latim, não nos leva muito longe, por mais *far-fetched* (rebuscada) que teime em ser a nossa explicação.

Eliminamos, ao mesmo tempo, a segunda causa da confusão e incoerência das nossas gramáticas na descrição do gênero, porque, pondo de parte a indicação do sexo por processo lexical, limitamos o estudo a uma oposição entre morfema zero, no masculino, e desinência -*a*, no feminino, quando o nome é suscetível de flexão de gênero.

> Observe-se a coerência da proposta de uma oposição privativa para o gênero, no caso dos nomes que Mattoso considera "biformes", ou "com flexão": os femininos sempre terminam em *a*, mas os masculinos podem terminar em -*o* (*lobo/ loba*), consoante (*juiz/juíza*), -*e* (*mestre/mestra*), outra vogal (*peru/perua*). Para uniformizar a flexão nominal (de número e de gênero), Mattoso sabiamente postula, então, um zero para representar o masculino, que se torna a forma "não marcada", formal e semanticamente, da oposição.

Em verdade, um grandíssimo número de nomes substantivos não apresenta essa flexão. São exclusivamente masculinos ou femininos em função da forma masculina ou feminina, respectivamente, do artigo definido com que se articulam. Uma terminação em -*a* não é então uma desinência de feminino, senão uma indicação de que o nome é do tema em -*a*. Por isso, ao lado de formas como *rosa, criança, cobra*, que são femininas (pois exigem o artigo definido *a*, feminino, como determinante), encontramos outras como *emblema, cometa, nauta*, que exigem o artigo definido masculino *o* e são pois masculinas.

A regra morfofonêmica básica, na flexão de gênero, é a supressão da vogal do tema, quando se adjunge a desinência -*a* de feminino.

Trata-se de uma regra morfofonêmica geral, na língua portuguesa, que permeia todo o mecanismo da flexão e da derivação. Numa e noutra há sempre a supressão da vogal final átona de um constituinte quando se lhe acrescenta um segundo constituinte começando em vogal. Por isso, os nomes de tema em *-o*, e os poucos nomes de tema em *-e* que têm flexão de feminino, perdem a vogal temática na forma feminina (*lobo - loba*, *mestre - mestra* etc.), como a perdem na derivação lexical (*lobo - lobato*, *lobinho*; *mestre - mestria, mestrado* etc.). Por isso, ainda, os nomes de tema em *-a* podem ter mudança de gênero, mas sem flexão de feminino, uma vez que à supressão da vogal temática *-a* se seguiria novamente a adjunção de *-a* (cf. *artista, a artista*).

Em princípio, os nomes de tema em *-e*, ou de final consonântico no singular, pela queda do *-e*, que só figura no plural, não apresentam flexão de gênero. É o que acontece com todos os nomes que são genuinamente adjetivos, como *triste, regular, geral, cortês*. Entre os substantivos há flexão nos nomes de tema em *-e* (*mestra*, e na língua coloquial *parenta, presidenta*) esporadicamente, e regularmente nos derivados com os sufixos lexicais *-es* e *-or* ou *-dor*, que tanto podem ser substantivos como adjetivos (ex.: *portuguesa, cantora*).

> Nos processos de formação de palavras, o arquifonema nasal costuma se desenvolver e assumir a forma da alveolar [n] (dental, segundo Mattoso), como em *irmão - irmanar*; *leão - leonino*. Evidentemente, isso dá suporte à postulação de temas teóricos com formas fonológicas como /irmaN+o/ e /leoN+e/.

Para os nomes em *-ão* a forma feminina depende do tema teórico, que já vimos poder ser em *-õe* ou em *-ãe* ou em *-ão*, de tema em *-e* ou em *-o*. Há sempre a supressão da vogal temática, aí reduzida a semivogal. Mas nos temas em *-ãe* e *-ão* a flexão do feminino se restringe a essa supressão – cf. *irmão - irmã, alemão* (pl. *alemães*) - *alemã*. Com os temas em *-õe*, há a adjunção da desinência e a desnasalação em consequência do hiato (*leão*, pl. *leões*, fem. *leoa*). Só o sufixo aumentativo *-ão*, que teoricamente é *-õe* (cf. *valentão*, pl. *valentões*), em vez do hiato,

> São exemplos do "alargamento" mencionado por Mattoso: *passear>passeio*; *cear>ceia*.

desenvolve depois da supressão da vogal temática uma consoante nasal dental, pré-vocálica (fem. *valentona*).

É também resultado de uma regra morfofonêmica geral (o "alargamento" das médias /e, ɛ/ tônicas em hiato em *-eio, -eia*, em vez de *-eo, -ea*) o feminino em *-eia* do sufixo derivacional *-eu* (vogal temática *-o* ditongada com a vogal tônica, [ew]); assim, *europeu* (derivado de *Europa*) tem o feminino *europeia*, alternância já comentada no capítulo VIII.

Resta um problema de interpretação teórica.

Como explicar os nomes, masculinos ou femininos, de gênero único?

Neles, como há pouco ressalvamos, a marca do gênero está a rigor apenas, extrinsecamente, na forma do artigo definido que exigem. Há um gênero latente que se torna explícito com a presença real ou virtual do artigo; cf. (*o*) *pente*, (*a*) *ponte*, (*o*) *nauta*, (*a*) *estrela*, (*o*) *livro*, (*a*) *tribo*, (*o*) *jacaré*, (*o*) *sabiá*, (*o*) *noitibó*, (*o*) *mar*, (*a*) *flor*.

> O artigo é na verdade apenas um exemplo de modificador que, se usado com um substantivo, deverá concordar em gênero com ele. Ou seja, o que Mattoso está tentando dizer é o seguinte: *qualquer modificador biforme* (ou seja, ele mesmo com duas formas de gênero), quando aplicado a um substantivo, revelará o *gênero inerente* a esse substantivo, já que concordará com essa propriedade lexical dele. Por exemplo, podemos usar também um adjetivo biforme para diagnosticar o gênero de um substantivo, como em *teorema matemático* (subst. gênero único masculino) ou *tribo isolada* (subst. gênero único feminino).

Ora, também quando há flexão de gênero, há a indicação concomitante do gênero pelo artigo.

Podemos dizer, portanto, que a flexão, quando aparece, é redundante, porque o gênero é sempre indicado, concreta ou potencialmente, pelo artigo. Em outros termos, a flexão nominal, quando aparece, reforça apenas a expressão de uma categoria gramatical latente, que, mesmo sem essa flexão, se manifesta pela forma do artigo definido que o vocábulo nominal exige.

Quanto ao artigo definido, a sua flexão é exatamente a flexão de gênero que aqui foi descrita. O masculino *o*, que acumula em si radical e tema, é suprimido, como vogal final átona, ao receber a desinência de feminino *-a*. A esta luz, a oposição *o-a* é teoricamente uma oposição *o versus o + -a*.

A análise da flexão verbal

Em português, como nas demais línguas românicas, e mesmo indo-
-europeias de maneira ampla, há entre o nome e o verbo uma oposição
formal, que se manifesta na qualidade e no mecanismo da flexão.

Já apreciamos, no capítulo VIII, a qualidade da flexão verbal (cf. CA-
MARA JR., 1968b). Consiste num sufixo modo-temporal (SMT) associado a outro, seguinte, referente ao número e pessoa gramatical do sujeito
(sufixo número-pessoal ou SNP).

Há, em cada uma dessas duas categorias, tantos morfemas quantas são
as noções gramaticais que se expressam.

Sabemos que a categoria de número-pessoa compreende a oposição
entre falante e ouvinte e entre eles e uma terceira pessoa, tanto no singular como no plural. Daí, temos seis morfemas, que podemos indicar
por P1, P2, P3 (as três pessoas do singular) e P4, P5, P6 (as três pessoas
do plural).

A categoria modo-temporal, por sua vez, apresenta no modo indicativo seis tempos (um presente, IdPr; três pretéritos – imperfeito, perfeito,
mais-que-perfeito, ou $IdPt_1$, $IdPt_2$, $IdPt_3$, respectivamente; e dois futuros,
o do presente – $IdFt_1$ – e o do pretérito – $IdFt_2$). No modo subjuntivo
há um presente (SbPr), um pretérito (SbPt) e um futuro (SbFt). A esses
morfemas acrescenta-se o do imperativo (Ip) e os indicadores das chama-

das formas nominais do verbo – gerúndio (Gr), infinitivo invariável (If$_1$), infinitivo com desinências número-pessoais, homônimas com as de SbFt (If$_2$), e o particípio (Part), que é morficamente um nome adjetivo de tema em -o com flexão nominal de gênero e número (embora em certas construções fique invariável).

Também vimos que esses sufixos flexionais se prendem a um tema verbal, ou seja, um radical ampliado por uma das vogais temáticas (VT) -a-, -e-, -i-. O tema no verbo é mais nítido e de aparecimento mais rigoroso e sistemático do que no nome. Daí a praxe tradicional de classificar morficamente os verbos portugueses em conjugações (CI, CII, CIII), caracterizadas por cada uma das vogais temáticas acima referidas.

Há uma pequena porção de verbos que apresentam variações no seu radical, segundo a forma verbal expressada. Em princípio, porém, são os sufixos número-pessoais e modo-temporais que identificam as formas verbais portuguesas. O radical fica invariável. A sua única função é dar ao vocábulo mórfico uma determinada significação lexical, que distingue, por exemplo, verbos como *cantar*, *falar*, *gritar* como palavras diferentes. Há, apenas, em circunstâncias bem determinadas, uma alternância da vogal radical, quando tônica, em CII e CIII, que corrobora a indicação modo-temporal e número-pessoal. Ela distingue, como já vimos (cf. capítulo VIII), *bebo* (P1 IdPr) e *beba* etc. (SbPr) de *bebes*, *bebe*, *bebem* (P2,3,6 IdPr), ou, paralelamente, *corro*, *corra* etc. de *corres*, *corre*, *correm*, em CII. Da mesma sorte, em CIII, temos *firo*, *fira* etc. em face de *feres*, *fere*, *ferem*, ou *durmo*, *durma* etc. em face de *dormes*, *dorme*, *dormem*.

É útil a praxe tradicional de denominar todos esses verbos, de radical invariável ou com as alternâncias da vogal radical expostas acima, como **verbos regulares**. Em contraste com eles, há a pequena porção de **verbos irregulares** com outras variações de radical ou anomalias no sufixo flexional. São variações muito complexas, mas suscetíveis de um tratamento descritivo metódico, como procurei mostrar alhures (cf. CAMARA JR., 1966b).

Neste capítulo vamos limitar-nos aos verbos regulares, estudando as suas regras de flexão nas três conjugações.

A primeira observação a fazer é que a divisão em três conjugações, na base de uma vogal temática típica, é uma análise aproximada do que realmente sucede. Em algumas formas flexionais CII conflui com CIII e possui a vogal temática -i- também. Cotejem-se *temi, temia* etc., *temido*, de *temer*, com *parti, partia* etc., *partido*, de *partir*. E no subjuntivo presente, em que falta a vogal temática, confluem, pelo sufixo modo-temporal, CII e CIII (*tema* etc.; *parta* etc.). Acresce que, quando a vogal temática é átona final (P2,3,6 IdPr e P2 Ip) as vogais /e/ e /i/ entram no quadro fonológico das vogais átonas finais, em que se neutraliza a oposição entre elas, como já vimos. Assim encontramos *temes, teme, temem*, de *temer*, ao lado de *partes, parte, partem*, de *partir*. CI, ao contrário, fica plenamente caracterizada nessas e nas demais formas.

É claro que a vogal temática fica mais bem determinada quando é tônica. Por isso o hábito tradicional é identificar a conjugação do verbo pelo seu infinitivo, onde à vogal temática tônica se acrescenta, apenas, sem qualquer modificação morfofonêmica, -r do SMT. A rigor, porém, poderia ser focalizada outra forma nas mesmas condições, como as de IdPt$_3$ e SbPt (*cantara, temera, partira; cantasse, temesse, partisse*).

Só para descrever as alternâncias vocálicas regulares de CII e CIII se deve partir, como vimos (cf. CAMARA JR., 1968b), da segunda pessoa singular do indicativo presente, que nos dá a genuína vogal radical dentro do quadro tônico.

A estrutura da forma verbal, em português, é a de um radical ampliado por uma vogal temática, constituindo o tema do verbo, combinado com um sufixo flexional, por sua vez constituído de um sufixo modo-temporal e outro seguinte, número-pessoal.

Daí a fórmula geral:

(12)   T (R + VT) + SF (SMT + SNP)

Qualquer dos constituintes, exceto evidentemente o radical, que dá a significação léxica, pode faltar em determinadas formas verbais. Em outros termos, podemos ter VT = Ø, ou SMT = Ø, ou SNP = Ø, ou mesmo todo o SF = Ø. Por outro lado, cada um dos morfemas não tem uma estrutura fonológica fixa, mas ao contrário pode apresentar o fenômeno da alomorfia, já aqui apreciado. E há ainda a levar em conta as mudanças morfofonêmicas, que impõem certos alomorfes.

> O autor admite a existência de zeros morfológicos também na posição de vogal temática, o que cria uma inconsistência com a própria definição de Ø como "ausência significativa". Se a VT não tem significado, teoricamente não poderia ser representada por Ø. Pode-se argumentar que, de modo análogo às próprias vogais temáticas, o zero aqui tem um "significado funcional", sinalizando uma posição morfologicamente pertinente do vocábulo (ainda que "desprovida de contribuição de sentido" – ao menos, no que se trata do sentido léxico-referencial da palavra). Para Mattoso, o zero é, portanto, bastante teórico e encontra espaço muito por conta do quadro estruturalista de análise mórfica que ele adota, talvez para além de uma preocupação com a motivação empírica ou psicológica do morfema.

A análise das formas verbais, que as enquadra na fórmula "algébrica" em (12), tem de ser feita pelo método da comutação, que já conhecemos no capítulo VI (cf. CAMARA JR., 1968a).

Uma das grandes falhas da gramática tradicional foi a de não ter tentado realizar essa análise. Nem Said Ali, talvez o melhor descritivista gramatical que tivemos para o português, se deu conta do problema. Enfrentou-o em parte, mas insatisfatoriamente, João Ribeiro (RIBEIRO, 1923). Em Portugal, Ribeiro de Vasconcelos (VASCONCELOS, 1899) executou uma análise diacrônica, partindo dos constituintes em latim para depreender os seus aspectos na língua portuguesa atual. Já sabemos como tal método é um equívoco na descrição sincrônica, como vimos no capítulo I.

Consideremos aqui, portanto, o processo da análise pela comutação, escolhendo uma forma verbal de estrutura transparente. Seja ela a primeira pessoa plural do pretérito mais-que-perfeito do indicativo (P4 IdPt$_3$) – *cantáramos, temêramos, partíramos*.

A vogal temática, para cada conjugação, é o único traço distintivo dessas três formas entre si. Temos, portanto, para tema: *cantá-*, *temê-*, *partí-*. Isso nos deixa com um resíduo, que é o sufixo flexional (SF) em conjunto. O sufixo número-pessoal (SNP) é facilmente destacável se compararmos *cantáramos* com *cantaras* e *cantara*. O elemento *-mos* é o morfema da primeira pessoa plural (P4), como *-s* é a segunda pessoa singular (P2), em face de *cantara*, que é indeterminado em relação à pessoa gramatical (primeira ou terceira do singular?), porque SNP é zero ($\emptyset$). O elemento *-ra-*, que resta da análise, é o sufixo modo-temporal SMT. Ele opõe *cantara* ($IdPt_3$) a *canta* (IdPr), a *cantava* ($IdPt_1$), e assim por diante.

A fórmula – T (R + VT) + SF (SMT + SNP) – se resolve, pois, para a primeira pessoa plural do pretérito mais-que-perfeito do indicativo, ou P4 $IdPt_3$, para as três conjugações, em (13):

(13)   CI: *cantá (cant + á) + ramos (ra + mos)*
       CII: *temê (tem + ê) + ramos (ra + mos)*
       CIII: *partí (part + í) + ramos (ra + mos)*

A prossecução da análise mostra que sufixo número-pessoal falta em P1 e P3, e é uma semivogal anterior travada por sibilante (/jz/) na segunda pessoa plural ou P5. No plural da terceira pessoa, ou P6, o sufixo flexional *-ram* é, na realidade oral, um ditongo nasal átono /awN/ do tipo de *órfão*. O elemento *-ra-* continua a ser SMT, assinalando pretérito mais-que-perfeito do indicativo. Portanto, SNP é a semivogal /w/ (não escrita) com o travamento nasal. Assim, temos, em (14):

Como ressaltamos na Apresentação, a análise de Mattoso, aqui, deve ser tomada apenas como um esboço inicial. Há vários elementos dessas representações fonológicas que mereceriam reparos, por exemplo: (a) o próprio Mattoso defendeu, antes, que as semivogais não têm existência fonêmica, mas são resultado das regras de silabificação; e (b) por outro lado, o arquifonema nasal /N/ só tem existência fonêmica.

(14)   P1,3: *cantá (cant + á) + ra (ra + $\emptyset$)*;
       P2:   *cantá (cant + á) + ras (ra + s)*;
       P5:   *cantá (cant + á) + reis (re*, variante de *ra, + is* /jz/);
       P6:   *cantá (cant + á) + ram (ra + /wN/)*.

Estas fórmulas só diferem das de *temer* e *partir* pelo radical (palavras distintas) e pela vogal temática (conjugações distintas).

A análise simplifica a descrição em dois sentidos.

Primeiramente, revela os mesmos sufixos número-pessoais em outros tempos verbais para qualquer conjugação. A desinência -*s* /z/ de P2 aparece no indicativo presente (*cantas, temes, partes*), no pretérito imperfeito do indicativo (*cantavas, temias, partias*), nos dois futuros do indicativo (*cantarás, cantarias; temerás, temerias; partirás, partirias*), no subjuntivo presente (*cantes, temas, partas*), no subjuntivo pretérito (*cantasses, temesses, partisses*) e no subjuntivo futuro e infinitivo provido de SNP (*cantares, temeres, partires*). E o mesmo se pode dizer para SNP = Ø, em P3; para a semivogal anterior travada por sibilante, em P5; para o travamento nasal, em P6, acrescido da semivogal /w/ depois de /a/ (*cantam* /kaNtawN/, mas *temem, partem* /temeN/, /parteN/).

Muito provavelmente, a semivogal [w] não é elemento fonêmico da desinência de P6, já que depende da vogal que precede -*m* na forma verbal: é [w] quando -*m* é precedido de /a/, cf. *cantaram, cantam* [ə̃w̃]; mas é [j] se -*m* é precedido de /e/, cf. *cantarem, cantem* [ẽj]. Isso sugere que, fonemicamente, seria: *cantam* /kaNta+N/ vs. *cantem* /kaNte+N/.

Em segundo lugar a depreensão do sufixo modo-temporal do pretérito mais-que-perfeito do indicativo (IdPt$_3$) (-*ra*- e alomorfe -*re*- em P5) nos dá a chave para uma depreensão da mesma natureza em relação aos outros sufixos modo-temporais.

No indicativo presente, SMT é zero. O sufixo número-pessoal se liga diretamente à vogal temática, e, em P1, onde SNP é -*o* final átono (/u/), dá-se a supressão da vogal temática, átona, pela regra morfofonêmica que já encontramos a propósito da formação do feminino nos nomes (*canta + o* = *canto*), como vimos no capítulo precedente (cf. CAMARA JR., 1968c).

No subjuntivo presente também falta a vogal temática. O elemento -*e*, em CI, e -*a*, em CII e CIII, é o sufixo modo-temporal.

Quanto ao pretérito perfeito do indicativo (IdPt$_2$), há alguns problemas, que convém considerar de espaço.

Em primeiro lugar, SNP para P2 e P5 apresenta um alomorfe, que lhes é exclusivo, -*ste* e -*stes*, respectivamente. Só em P6 aparece o sufixo modo-temporal, que é -*ra*-, em homonímia com IdPt$_3$. Também a terceira pessoa singular (P3), cujo SNP geralmente é zero, aqui tem um alomorfe típico, que é a semivogal /w/ em ditongo com a vogal temática (cf. em CII e CIII: *temeu, partiu*). Finalmente, em CI deparamos com dois problemas a respeito da vogal temática. A forma de P3 – *cantou* – apresenta uma vogal tônica -*o*-, na posição em que era de esperar a vogal temática -*a*-. A solução justa, pelo cotejo com as formas equivalentes *temeu* e *partiu*, é interpretar esse -*o*- como um alomorfe da vogal temática -*a*-, em face da simetria com as outras conjugações e da consideração que esse -*o*- é a única indicação que temos para atribuir a forma verbal a CI. Um raciocínio mais sutil, mas igualmente justo, nos leva a ver também em *cantei* um alomorfe da vogal temática -*a*- de CI.

Com efeito, a análise de *temi* e *parti* revela a vogal /i/, que já sabemos ser um dos alomorfes de SNP de P1 (os outros são -*o* no indicativo presente e zero nos demais tempos verbais). Ela está absorvida pela vogal temática (que aí é -*i*- tanto em CII como em CIII), pois não há fonologicamente ditongo /ij/ em português. Ora, as análises *tem+i+i, part+i+i* indicam que em *cant+e+i* a vogal -*e*- funciona em posição de vogal temática. Pode-se objetar que -*e*- já é vogal temática da segunda conjugação. Mas justamente nesta forma verbal a 2ª conjugação conflui com a 3ª e tem a vogal temática -*i*-. Por isso, a presença de -*e*- logo indica que se trata da 1ª conjugação, neste caso, tão bem como o indicaria a vogal -*a*-. Nada mais expressivo (diga-se de passagem) para mostrar como a forma linguística não se confunde com a substância fônica, e que, na língua, como estabeleceu Saussure, tudo é apenas oposição.

Restam algumas observações finais.

Um alomorfe privativo de determinada forma concorre para identificá--la mesmo em relação a noções gramaticais outras que a que lhe cabe indicar. Tem-se então o fenômeno da **cumulação** (fr. *cumul*), bem ressaltado por Bally (1950, p. 149).

Assim, SNP da primeira pessoa singular do indicativo presente também é índice desse tempo, pois só nele aparece. Formas como *canto, tento, parto* são inconfundivelmente do indicativo presente, pois só aí aparece SNP = *-o* átono final. O mesmo se pode dizer para SNP de P2 e P5 do pretérito perfeito do indicativo (*cantaste, cantastes; temeste, temestes; partiste, partistes*).

Por outro lado, a nossa análise dos futuros do indicativo evidencia a independência entre descrição sincrônica e explicação diacrônica.

Sabemos que esses futuros (IdFt$_1$ e IdFt$_2$) se constituíram pela aglutinação do infinitivo a uma modalidade do indicativo presente e pretérito imperfeito do verbo *haver*, funcionando como verbo auxiliar. A explicação diacrônica nos dá, pois, *cantar(h)ei, cantar(h)ia* (por *havia*). Tratava-se, a princípio, de uma locução com acento secundário no infinitivo. Essa estrutura permanece, como um vestígio, na chamada mesóclise do pronome adverbial oblíquo (*cantar-lhe-ei* uma ária), onde o infinitivo continua um vocábulo fonológico, com o pronome adverbial enclítico, como aparece meridianamente na grafia de uma construção como *cantá-lo-ei*, com acento gráfico em *cantá-* por *cantar*. Fora de tal construção residual, porém, que no Brasil está circunscrita à língua altamente literária, a aglutinação é inconcussa, tendo-se criado um único vocábulo fonológico, onde a origem histórica se faz opaca, mediante uma nova distribuição de constituintes. Firmou-se um sufixo modo-temporal *-rá-* (em P1, P4, e P5 com variante *-re-*) no futuro do presente, e, no futuro do pretérito, *-ria-* (variante *-rie-* em P5).

De todas essas considerações resulta um levantamento geral para os morfemas dos verbos regulares portugueses. Comecemos com SNP:

(15)   P1: *-o*, átono final, em IdPr; *-i* (/j/) em IdPt$_2$ e IdFt$_1$; zero (Ø) nos demais tempos verbais;

P2: *-ste* em IdPt$_2$; zero (Ø) em Ip; *-s* (/z/) nos demais tempos verbais;

P3: *-u* (/w/) em IdPt$_2$; zero (Ø) nos demais tempos verbais;

P4: *-mos*, átono final, em todos os tempos verbais;

P5: *-stes* em IdPt$_2$; *-des* em SbFt e If$_2$; *-i* (/j/) em Ip; *-is* (/jz/) nos demais tempos verbais;

P6: /wN/ em seguida a /a/ com a formação de um ditongo que só é tônico em IdFt$_1$; /N/, o mero travamento nasal, fora dessa condição fonológica.

Passemos, a seguir, à situação da SMT:

(16)   IdPr: zero (Ø);

IdPt$_1$: *-va* (variante *-ve* em P5) em CI; *-ia* (variante *-ie* em P5) em CII e CIII;

IdPt$_2$: *-ra* em P6; zero (Ø) nas demais pessoas;

IdPt$_3$: *-ra*, átono (variante *-re* em P5);

IdFt$_1$: *-ra*, tônico, em P2, P3, P6; *-re*, igualmente tônico, em P1, P4, P5;

IdFt$_2$: *-ria* (variante *-rie* em P5);

Ip: zero (Ø);

SbPr: *-e* em CI; *-a* em CII e CIII;

SbPt: *-sse*, átono ([sɪ] ou [se], conforme a posição final ou não);

SbFt e If$_2$: *-r* (variante *-re* diante de sibilante ou de travamento nasal, isto é, em P2 e P6);

Gr: *-ndo* (/Ndu/);

Part: *-do*;

If$_1$: *-r*.

Por fim, as VTs:

(17)   CI: *-a-* (variante *-o-* em P3 IdPt$_2$, e variante *-e-* em P1 IdPt$_2$);

CII: *-e-*;

CIII: *-i-*.

A oposição entre CII e CIII é neutralizada em $IdPt_1$, P1 $IdPt_2$ e Part, em proveito de VT = /i/; e, nas formas rizotônicas de IdPr e Ip (P2, P3, P6), dá-se uma neutralização fonológica pela inclusão da vogal temática no quadro final átono de vogais portuguesas, em que não há oposição /e/-/i/, como sabemos (cf. capítulo III). Nos dialetos em que persiste essa oposição tem de se admitir que a neutralização morfológica se fez em proveito de CII.

Referências bibliográficas da obra

BALLY, C. *Linguistique générale et linguistique française*. Berna: Francke, 1950.

BATTISTI, C. *Fonetica generale*. Milão: Hoepli, 1938.

BLOOMFIELD, L. *Language*. Nova York: LSA, 1933.

BOPP, F. *A Comparative Grammar*. Nova York: Charles Scribner's Sons, 1878.

CAMARA JR., J.M. *Dicionário de Filologia e Gramática*. 3. ed. Rio de Janeiro: Martins Fontes, 1969.

_____. "A flexão no léxico português". In: *Revista Vozes*, ano 62, n. 7, jul./1968a.

_____. "A análise do vocábulo mórfico". In: *Revista Vozes*, ano 62, n. 9, set./1968b, p. 55ss.

_____. "O mecanismo da flexão nominal". In: *Revista Vozes*, ano 62, n. 10, out./1968c.

_____. "As vogais do português". In: *Revista Vozes*, ano 62, n. 12, 1968d, p. 1.082ss.

_____. "A note on Portuguese noun morphology". *To honor Roman Jakobson*, vol. 2. Haia: Mouton, 1967, p. 1311-1314.

_____. *Princípios de linguística geral*. Rio de Janeiro: Acadêmica, 1967.

_____. "Antenor Nascentes e a filologia brasileira". In: *Revista Vozes*, n. 6, 1966a, p. 459-462.

_____. "Para o estudo descritivo dos verbos irregulares". In: *Estudos Linguísticos*, 1 (1), 1966b, p. 16-27.

_____. "Línguas europeias de Ultramar: o português do Brasil". In: *Revista do Livro*, VIII, n. 27-28, 1965, p. 27-35.

_____. "As ideias gramaticais de João Ribeiro". In: *Letras*, n. 12, 1961a, p. 22-25.

_____. "Said Ali e a língua portuguesa". In: *Revista Vozes*, n. 6, 1961b, p. 415-419.

_____. *Manual de transcrição fonética*. Rio de Janeiro: Museu Nacional, 1957a.

_____. "Erros de escolares como sintomas de tendências linguísticas no português do Rio de Janeiro". In: *Romanistiches Jahrbuch*, VIII, 1957b, p. 279-286.

_____. "Gonçalves Viana and the Phonic Sciences". In: HALLE, M. et al. *For Roman Jakobson on his Sixtieth Birthday*. The Hague: Mouton, 1956.

_____. "Sobre a classificação das palavras". In: *Boletim de Filologia*, 3 (1), 1954.

_____. *Para o estudo da fonêmica portuguesa*. Rio de Janeiro: Organização Simões, 1953 [Coleção Rex].

CHEDIAK, A.J. (org.). *Nomenclatura gramatical brasileira e sua elaboração*. Rio de Janeiro: Diretoria do Ensino Secundário, 1960.

FRANCO DE SÁ, F. *A língua portuguesa*. São Luís: Imprensa Official, 1915.

GONÇALVES VIANA, A.R. *Exposição da pronúncia normal portuguesa para uso de nacionais e estrangeiros*. Lisboa: Imprensa Nacional, 1892.

HALLIDAY, M. "Linguistique génèrale et linguistique appliquée à l'enseignement des langues". In: *Études de linguistique appliquee* I. Paris: Université de Besançon, 1962, p. 9-22.

HJELMSLEV, L. *Essai sur la categorie des cas*. Copenhague: Kobenhaven, 1935.

_____. *Principes de grammaire generale*. Kobenrave: Munksgaard, 1928.

JAKOBSON, R. *Fonema e fonologia* – Seleção portuguesa de trabalhos desse autor preparada por Joaquim Mattoso Camara Jr. Rio de Janeiro: Livraria Acadêmica, 1967.

KAINZ, F. *Psychologie der Sprache I*. Stuttgart: Erster Band, 1941, p. 9.

LEITE DE VASCONCELOS, J. *Lições de filologia portuguesa*. Lisboa: Biblioteca Nacional, 1911.

LEMLE, M. "Notas sobre os alofones surdos das vogais na fala do Rio de Janeiro". In: *Estudos Linguísticos* – Revista Brasileira de Linguística Teórica e Aplicada, 33 (1), 1966, p. 1-33.

LYONS, J. "Towards a 'notional' theory of the parts of speech". In: *Journal of Linguistics*, II-2, 1966, p. 200-219.

MALKIEL, Y. "Los interfijos hispánicos". In: CATALÁN, D. (ed.). *Miscelanea-Homenaje a André Martinet, 2*. Canárias: Universidade de Laguna, 1958.

MALMBERG, B. *Phonetics*. Nova York: Dover, 1963.

MARTINET, A. *Eléments de linguistique generale*. Paris: Armand Colin, 1960.

MARTY, A. *Über Wert und Methode einer allgemeinen beschreibenden Bedeutungslehre*. Berna: Stiepel, 1950.

MATHESIUS, V. "On the potentiality of the phenomena of language". In: VACHEK, J. (ed.). *A Prague School Reader in Linguistics*. Praga: Bloomington, 1964, p. 1-32.

MORAIS BARBOSA, J. *Études de phonologie portugaise*. Lisboa: Junta de Investigação de Ultramar, 1965.

MOTA, O. *O meu idioma*. Campinas: [s/e], 1916.

NASCENTES, A. *Estudos filológicos*. Rio de Janeiro: Civilização Brasileira, 1939.

NOBILING, O. "Die Nasalvokale im Portugiesischen". *Die neuren Sprachen* XI, 1904, p. 11-44.

RIBEIRO, J. *Gramática* – Curso superior. Rio de Janeiro: Francisco Alves, 1923.

ROBINS, R.H. *A Short History of Linguistics*. Londres: Longmann, 1967.

SÁ NOGUEIRA, R. *Elementos para um Tratado de Fonética Portuguesa*. Lisboa: Imprensa Nacional de Lisboa, 1938.

SAPIR, E. "Os padrões sônicos da linguagem". In: *Linguística como ciência* – Ensaios. Rio de Janeiro: Acadêmica, 1961.

_____. *Language, an Introduction to the Study of Speech*. Nova York: Harcourt-Brace, 1921.

SAUSSURE, F. *Cours de Linguistique Générale*. 2. ed. Paris: Payot, 1922.

SCHLEGEL, F. *Ueber die Spracheund Weisheit der Indier*. Heidelberg: Un. Heidelberg, 1808.

SILVEIRA, S. *Lições de português*. Rio de Janeiro: Livros de Portugal, 1937.

SPITZER, L. "Feminización del neutro". In: *Revista de Filologia Hispánica*, 5, 1941, p. 22-34.

TONNELAT, E. *Histoire de la langue allemande*. Paris: Parution, 1927.

URBAN, W. *Language and Reality*. Londres/Nova York: Kim Sterelny/Books, 1951.

VARNHAGEN, F.A. *Florilégio da poesia brasileira*. Vol. I. Rio de Janeiro: Publicações da Academia Brasileira, 1946 [Coleção Afrânio Peixoto].

VASCONCELOS, R. *Gramática da língua portuguesa*. Coimbra: Serões Gramaticais, 1899.

VENDRYES, J. *Le langage* – Introduction linguistique a l'histoire. Paris: Renaissance du Livre, 1921.

WEINREICH, U. *Languages in Contact, Findings and Problems*. Nova York: Mouton, 1953.

Referências dos comentários dos editores

BASILIO, M. *Formação e classe de palavras em português*. São Paulo: Contexto, 2005.

_____. "O conceito de vocábulo na obra de Mattoso Camara". In: *Delta*, 20 (3, esp.), 2004, p. 71-84.

BISOL, L. "O ditongo na perspectiva da fonologia atual". In: *Delta*, 5 (2), 1989, p. 185-224.

CHISTÓFARO-SILVA, T. *Dicionário de Fonética e Fonologia*. São Paulo: Contexto, 2017.

KEHDI, V. *Morfemas do português*. São Paulo: Ática, 1989.

LAROCA, M.N.C. *Manual de morfologia do português*. 4. ed., rev. e ampl. Campinas: Pontes, 1994.

LAZZAROTTO-VOLCÃO, C.; SEARA, I.C. & NUNES, V.G. *Para conhecer fonética e fonologia*. São Paulo: Contexto, 2019.

LEITE, Y.F. "J. Mattoso Camara Jr.: um inovador". In: *Delta*, 20 (3, esp.), 2004, p. 9-31.

MARTINS, M.R.D. *Ouvir-falar* – Introdução à fonética do português. Lisboa: Caminho, 1988.

MONTEIRO, J.L. *Morfologia portuguesa*. São Paulo: Ática, 1989.

PARDAL, E.d'A. *Aspects de la phonologie (générative) du portugais*. Lisboa: Centro de Linguística da Universidade de Lisboa, 1977.

PIKE, K. *Phonemics*: A Technique for Reducing Languages to Writing. Michigan: Ann Arbor, 1947.

ROCHA, L.C. *Estruturas morfológicas do português*. Belo Horizonte: UFMG, 1998.

RODRIGUES, A.D. "A obra científica de Mattoso Camara Jr." In: *Cadernos de Estudos Linguísticos*, n. 6, 2004, p. 83-94.

SANDMANN, A.J. *Formação de palavras no português brasileiro contemporâneo*. Curitiba: Scientia & Labor, 1988.

UCHÔA, C.E.F. "Joaquim Mattoso Camara Jr." In: *Philologus*, ano 13, n. 38, supl., 2007.

_____. *Dispersos de J. Mattoso Camara Jr*. Rio de Janeiro: Fundação Getúlio Vargas, 1972.

Coleção de Linguística

- *História concisa da língua portuguesa*
Renato Miguel Basso e Rodrigo Tadeu Gonçalves
- *Manual de Linguística – Fonologia, morfologia e sintaxe*
Luiz Carlos Schwindt (org.)
- *Introdução ao estudo do léxico*
Alina Villalva e João Paulo Silvestre
- *Estruturas sintáticas – Edição comentada*
Noam Chomsky
- *Gramáticas na escola*
Roberta Pires de Oliveira e Sandra Quarezemin
- *Introdução à Semântica Lexical*
Márcia Cançado e Luana Amaral
- *Gramática descritiva do português brasileiro*
Mário A. Perini
- *Os fundamentos da teoria linguística de Chomsky*
Maximiliano Guimarães
- *Uma breve história da linguística*
Heronides Moura e Morgana Cambrussi
- *Estrutura da língua portuguesa – Edição crítica*
Joaquim Mattoso Camara Jr.
- *Manual de linguística – Semântica, pragmática e enunciação*
Márcia Romero, Marcos Goldnadel, Pablo Nunes Ribeiro e Valdir do Nascimento Flores
- *Problemas gerais de linguística*
Valdir do Nascimento Flores
- *Relativismo linguístico ou como a língua influencia o pensamento*
Rodrigo Tadeu Gonçalves
- *Mudança linguística*
Joan Bybee
- *Construcionalização e mudanças construcionais*
Elizabeth Closs Traugott e Graeme Trousdale
- *Introdução a uma ciência da linguagem*
Jean-Claude Milner
- *História da linguística – Edição revista e comentada*
Joaquim Mattoso Camara Jr.
- *Problemas de linguística descritiva – Edição revista e comentada*
Joaquim Mattoso Camara Jr.

CULTURAL

Administração
Antropologia
Biografias
Comunicação
Dinâmicas e Jogos
Ecologia e Meio Ambiente
Educação e Pedagogia
Filosofia
História
Letras e Literatura
Obras de referência
Política
Psicologia
Saúde e Nutrição
Serviço Social e Trabalho
Sociologia

CATEQUÉTICO PASTORAL

Catequese
Geral
Crisma
Primeira Eucaristia

Pastoral
Geral
Sacramental
Familiar
Social
Ensino Religioso Escolar

TEOLÓGICO ESPIRITUAL

Biografias
Devocionários
Espiritualidade e Mística
Espiritualidade Mariana
Franciscanismo
Autoconhecimento
Liturgia
Obras de referência
Sagrada Escritura e Livros Apócrifos

Teologia
Bíblica
Histórica
Prática
Sistemática

REVISTAS

Concilium
Estudos Bíblicos
Grande Sinal
REB (Revista Eclesiástica Brasileira)

VOZES NOBILIS

Uma linha editorial especial, com importantes autores, alto valor agregado e qualidade superior.

VOZES DE BOLSO

Obras clássicas de Ciências Humanas em formato de bolso.

PRODUTOS SAZONAIS

Folhinha do Sagrado Coração de Jesus
Calendário de mesa do Sagrado Coração de Jesus
Agenda do Sagrado Coração de Jesus
Almanaque Santo Antônio
Agendinha
Diário Vozes
Meditações para o dia a dia
Encontro diário com Deus
Guia Litúrgico

CADASTRE-SE
www.vozes.com.br

EDITORA VOZES LTDA.
Rua Frei Luís, 100 – Centro – Cep 25689-900 – Petrópolis, RJ
Tel.: (24) 2233-9000 – Fax: (24) 2231-4676 – E-mail: vendas@vozes.com.br

UNIDADES NO BRASIL: Belo Horizonte, MG – Brasília, DF – Campinas, SP – Cuiabá, MT
Curitiba, PR – Fortaleza, CE – Goiânia, GO – Juiz de Fora, MG
Manaus, AM – Petrópolis, RJ – Porto Alegre, RS – Recife, PE – Rio de Janeiro, RJ
Salvador, BA – São Paulo, SP